고맙소이다

정행심 수필집

고맙소이다

초판1쇄 발행 2023년 7월 7일

지은이 정행심
펴낸이 이길안
펴낸곳 세종출판사

주소 부산광역시 중구 흑교로 71번길 12 (보수동2가)
전화 051－463－5898, 253－2213~5
팩스 051－248－4880
전자우편 sjpl5898@daum.net
출판등록 제02-01-96

ISBN 979-11-5979-591-6 03810

정가 13,000원

부산광역시 BUSAN METROPOLITAN CITY 부산문화재단 BUSAN CULTURAL FOUNDATION
본 도서는 2023년 부산광역시, 부산문화재단 〈부산문화예술지원사업〉으로 지원을 받았습니다.

정행심 수필집

고맙소이다

세종출판사

작가의 말

수필을 배우겠다고 여기저기를 들락거리며 겉핥기로 세월을 넘겼다. 알수록 깊어지고 배울수록 힘든 것이 수필밭이었다. 일하면서 글밭을 가꾸기는 무척 어렵고 힘들었지만, 동서대 수필반의 도움으로 큰 돌을 주워내고 또 작은 돌을 가려내면서 고슬고슬한 흙밭에 수필 씨를 뿌릴 수 있었다.

한 자 한 자 심어가는 도중에 부산문화재단의 지원금 수혜 소식은 꿈같은 영광이었다. 눈시울을 뜨겁게 했다. 운이 좋았는지 뜻밖에 큰 혜택을 받게 되어 말할 수 없이 가슴이 벅차고 울렁거렸다.

수필에 대한 웅크렸던 마음도 부끄러움도 사라졌다. 엉킨 실타래가 풀리어 하늘 높이 연을 날리듯이 내 글 주머니가 구름을 타고 훨훨 날았다.

이제는 더 든든한 고랑을 치고 두둑을 만들어 튼실한 문장의 씨를 심을 것이다. 때로는 가파른 벼랑길에 서서 길 찾기가 힘들어도 농부는 괭이와 삽을 버리지 않듯이 나의 글도 녹슬지 않게 닦고 닦는 시간을 채워 삶의 동반자로 같이 걸어갈 것을 다짐해 본다.

흘러가는 세월을 잡아 기둥에 매어두고 넘어가는 석양은 안방에 달아 두겠다. 그리하여 밝은 빛이 컴퓨터 자판 위에 놓인 손을 환히 밝히면서 심신을 치유하는 글쓰기를 할 것이다. 내 걸어가는 황혼길이 익은 알곡으로 풍성해지길 희망하면서 그동안 도와주신 모든 분께 "고맙소이다." 감사의 인사를 올린다.

2023년 여름

정행심

차례

1부

거미줄을 걷고

2부

고맙소이다

3부

세월 속에 들어가 본다

4부

무엇을 더 바랄까

1부

거미줄을 걷고

거미줄을 걷고 | 푸른 것이 다 좋지는 않다 | 감사 가방 | 낮은 턱
나이 | 백꽃이 피었다 | 글 속에서 나를 키운다 | 저 달은 그때도 보았을까
거문도에서 소주 한 잔 | 돈을 먹는 화장실

거미줄을 걷고

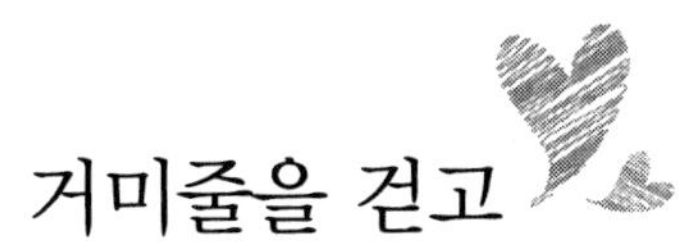

"입학 잘하고 와."

여든이 넘은 남편의 배웅이다. 학생들이 메고 다니는 백팩보다 조금 더 큰 손가방을 들고 급한 마음에 코트를 입지 못한 채 차를 탔다. 기분이 묘했다. 대학에 있는 평생교육원에서 이것저것 배운다고 캠퍼스를 다닐 때와는 또 다른 기쁨이 가슴을 차고 올랐다. 올해 내 나이 일흔한 살인데, 무엇에 미련이 남아 새로운 학업으로 생각지도 않았던 늦깎이 삶에 도전장을 던지는지….

세계는 코로나19 악재로 먹구름에 시달리는 시국이다. 중국 우한에서 시작하여 우리나라로 옮기더니 미국과 유럽으로 뻗어 나가 일상을 혼란 속으로 빠트리며 삶마저 빼앗고 깎아 먹는다. 의료진이 부족하고 병실이 없어 바깥 공원과 운동장까지 텐트를 치는 곳도 생겼다. 마스크를 사기 위해 약국마다 몇십 명이 줄을 서는 대란이 일어났으며, 정부에서는 외출도 모임도 자제해 달라는 당부를 수시로 하고 있다. 미세먼지보다 작은 균이 세계를 돌면서 인간 생명을 허무하게 짓밟는다. 백신 연구자들은 밤잠을 설치면서 연구에 혼신을 쏟아 부어도 뚜렷한 약이 나오지 않으니 모두 애를 태운다.

이런 와중에도 나는 황폐해진 마음 밭에 꽃씨를 뿌리려고 대학에 입학했다. 황령산 줄기가 뻗은 양정 산자락, 고즈넉한 곳에 앉은 동의과학대학교이다. 성인 학습자를 위하여 올해 처음으로 미래융합부에서 부동산공유비즈니스과와 양조발효과, 헬스케어매니지먼트과와 사회복지요양서비스과를 개설하였다. 그중 나는 양조발효과에 등록했다. 전문학사 과정이다. 여기에 입학한 학생들은 1기생으로 미래 계획을 세우고 맞춤형 학과를 선택한 것이다. 나는 수제 막걸리를 전문적으로 제조할 꿈을 설계하니 가슴이 두근거리고 마음은 공중에 떠 있는 기분이다. 그래서인지 벅찬 가슴은 나이에 관계없이 온갖 생각으로 요동치고 있다. 아름답게 피워 알알이 열매를 바라는 열정은 나이에 억압을 두지 않고 마스크를 쓴 채 대학 캠퍼스에 서게 되었다.

높고 큰 대학 건물을 신기한 듯이 이리저리 둘러본다. 칠십이 넘은 나이에 책가방을 들고 들뜬 마음과 눈빛은 본관에서부터 미래관을 이어 체육관과 정보관 등 여러 시설을 살펴본다. 산처럼 높고 넓은 대학 지식을 익힌다고 생각하니 가슴이 뜨거워졌다. 입학한 학생들은 모두 마스크를 쓰고 있다. 외계에서 온 사람같이 하얀 천이 얼굴 반을 가려 젊은지 늙었는지 알 수 없는 낯선 얼굴에, 콧등과 눈밖에 볼 수가 없으나 눈빛은 하나같이 빛나고 있었다.

토요일마다 여덟 시간씩 공부를 한다. 실습과 강의로 이루어져 있다. 나머지 수업은 집에서 비대면 온라인으로 강의를 받는다. 내가 들어간 양조발효과는 의외로 젊은 남학생이 많다. 자영업을 하는 중년 신사분도 있으며 현직 교수님도 발효의 매력으로 지원을 했다고 한다. 또 다른 학생들은 비즈니스사업 꿈으로 진학한 것 같다. 이런 사람들 속에 예상했던 대로 내 나이가 제일 많다. 하지만 조금도 부끄럽지 않았다. 늙었다고 무시하고 외면할까 걱정했는데 모두 큰누나 큰언니로 불러준다.

그러고 보니 나는 큰 행운을 얻은 사람이다. 지인을 통해 뜻밖의 대학 소식을 듣고 가슴이 두근거려 잠을 못 이루었다. 이 나이에 내가 할 수 있을까 걱정이 앞섰다. 며칠 고민을 하다가 배움에 무슨 나이가 있겠는가, 결단을 내리고 등록했다. 나는 제2의 삶에 꿈을 싣고 이모작에 접어들어 충실한 열매를 가꿀 준비를 한다.

남들은 칠십이 넘은 나이에 학교는 왜 가고, 공부는 왜 하냐고 야단이다. 건강을 챙기면서 그 돈으로 맛있는 것을 사 먹고 여행이나 다니지, 무엇하러 머리 아프게 다시 공부를 하느냐고 질책한다. 하지만 나는 그들의 말이 먼 거리에서 들려오는 바람 소리인지 내 귀에 새겨들어오지 않는다. 그렇게 말하는 이는 나와 다른 세계를 살아온 사람들이다. 그들은 여유로운 부모님 품 안에서 정상적으로 차곡차곡 학업을 마쳤지만 나는 언감생심 그런 공부를 하지 못했다. 젊어 다 이루지 못한 학업이 내 걸어가는 길에 걸림돌이 되지는 않았지만, 마음 깊숙한 곳에 보이지 않은 거미줄이 항상 걸려 있었다. 그래서인지 책만 보면 배우고 싶은 욕망이 꿈틀거리곤 했다.

바라는 소망은 언젠가 이루어진다는 진리의 뜻이 희망을 이루게 했다. 십여 년 전에 만학도로서 고등학교를 입학하고 졸업했다. 낮에 일을 하면서 오후 시간을 내어 열심히 다닌 덕에 대학 학업의 밑거름이 된 것이다. 덕분에 미래까지 바라볼 수 있는 자격을 갖추었다.

하늘을 바라본다. 하고 싶은 계획은 태산이다. 내 머리에 잠자고 있는 녹슨 뇌를 소낙비가 깨끗이 씻어 한 마디를 들으면 두 마디를 알아듣고, 두 마디를 들으면 네 마디를 기억할 수 있는 총명한 지혜가 따라주기를 바랄 뿐이다. 그것도 나의 희망이겠지만 열심히 하다 보면 반의반이라도 충전이 되지 않을까 기대를 걸어본다. 가랑비에 옷 젖듯이 언젠가는 기억이 새록새록 솟아나 밝은 글눈을 틔우지 않을까 하는 마음이다. 그리하여 마음에 걸린 거미줄을 거두어내고 그 자리에 튼튼이 익힌 지식과 지혜를 채울 것이다.

내 절뚝거리는 걸음이 부지런히 걸어간다. 강의실 책상 위에 놓인 크고 두꺼운 책을 향해.

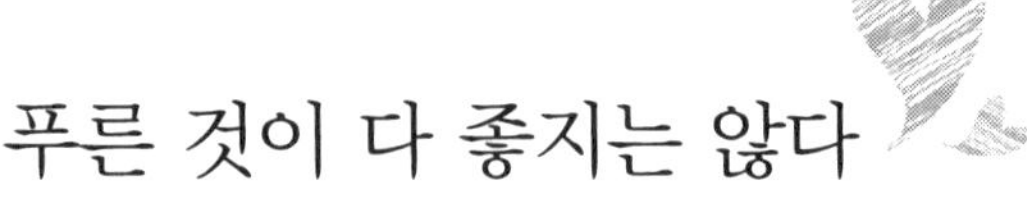

푸른 것이 다 좋지는 않다

봄 햇살이 따뜻해진다. 땅속에 숨었던 여린 싹들이 고개를 들고 돋아난다. 넓은 마당에 날마다 빈자리 없이 터를 빌려 앉는다. 뙤약볕이 내리쬐이는 여름의 천수로 생명을 부지하더니 가을에는 손이 닿을 수 없이 튼튼하게 무르익었다. 정원 전체를 차지해버린 푸른 잡초들이다.

도시의 딱딱한 시멘트 바닥만 보다가 푸른 잎을 보니 마냥 좋았다. 처음엔 이름 있는 꽃나무인가 하고 열심히 바라보며 빨리 크기를 바랐다. 그런데 조금 더 크니 윤곽이 나타났다. 민들레도 아니고 나팔꽃도 아니었다. 색다른 야생화들인가 하고 놓아둔 것이 감당할 수 없이 커가는 잡초들이었다. 매일 보는 주인의 간섭이 없으니 마음대로 커버렸다.

꽃 하나 없는 파란 잎들이 곳곳에 둥지를 틀어 앉았다. 잎만 있어 나비가 없나 했는데 어느 날 풀 속에 나비들이 찾아들었다. 굼벵이도 구르는 재주가 있다더니 잡초도 꽃이라고 임을 불러들이는 재주가 있나 보다. 노랑나비와 흰나비들이 날아와 잡초와 사랑놀이를 하고 있다. 사백 평 넓은 터에 바람도 질세라 나비 곁을 파고들어 어울림 굿판을 펼치니 그런대로 보기에 좋았다.

참 신기한 식물들이다. 뿌리를 옮겨 심지도 않았으며 씨를 뿌리지도 않았다. 상추 가꾸듯이 비료를 주지 않았고 물도 주지 않았다. 매일 정성으로 바라보지도 않았다. 어디에서 왔는지 남의 마당을 제집인 듯 마음껏 차지하며 커가고 있다. 뽑을까 만지면 손을 마구 찌른다. 꽃도 없는 억센 환삼줄기는 가시까지 달려 있다. 띠풀과 쇠뜨기는 각기 다른 성질에 다른 형체로 이리저리 뻗어가 자리를 넓혔다. 눈여겨봐도 예쁜 곳은 한 군데도 없는데 꽤 힘이 세어 보였다.

나의 업장에 일하고 있는 식구도 마찬가지다. 여러 사람이 모여 살다 보니 성격도, 말씨도, 업무도 다르다. 주인의 뜻과 맞지 않아 말문이 닫힌 정도의 사람도 있다. 답답할 때가 빈번하고 울화통 터질 때가 한두 번이 아니다. 어떤 때는 떨쳐내고 싶어 쳐다보면 시큰둥한 눈빛이 수렁에 빠진 것 같아 이해를 하고 덮다가도 속이 상하면 절간에 중이 떠나는 것이 아니라 내가 떠나고 싶을 때도 있다. 이런 속에서 인간이 살아가듯이 그들도 마찬가지다. 흙이 주인이라고 당장 뽑아 던지고 싶지만 그렇게 할 수 없는 일이니 더욱 강하게 겹겹이 껴안아 구석구석 뻗쳐나가고 있다. 모든 것이 순리대로 세월 따라 흘러가다 보면 엮인 실타래를 풀듯이 술술 풀려나갈 것이라고 내 마음을 스스로 달래기도 한다. 억센 잡초도 겨울을 맞으면 몸을 낮추고 고개가 숙여질 것이다. 이와같이 말 안 듣는 종업원도 때로는 귀중할 때가 많다. 진흙 속에 꽃이 피듯이 그들이 내 몫까지 해주니 시간 여유를 가지고 여가생활도 할 수 있지 않은가. 미웠던 마음이 사라지고 고마운 정이 들기도 한다.

빈 대지에 작은 집을 짓고 멋진 정원을 만들었다. 몇 종류의 과실나무를 군데군데 심었고 울타리 옆으로는 줄장미와 개나리를 심었다. 현관 앞에는 노동비가 비싼 인부에게 부탁하여 잔디도 깔았다. 잔디를 밟지 않고 다닐 수 있게 디딤돌도 놓았다. 손주들이 놀 수 있게 그네도 만들어 달았다. 그리고 행복한 상상을 했다. 잔디 위에 파라솔이 달린 탁자를 놓아 가족과 커피를 마시고, 친구가 방문하면 햇살 아래서 따끈한 차를 대접하며 즐거운 담소를 나누리라. 또 시간이 허락하면 지인이 보내온 수필 책도 읽을 수 있을 거라고 야무진 생각을 했다. 한데 모든 것이 잡초에 눌려 꿈을 이루지 못하고 산산조각으로 깨어졌다.

이른 봄에 한쪽 텃밭에 상추를 조금 심었다. 시간이 없어 자주 가보지 않았더니 어이없는 광경이 눈앞에 펼쳐졌다. 상추는 어디서 자라는지 보이지 않고 잡초들만 씽씽 무성하게 목을 내밀며 우뚝 솟아있다. 그늘에 숨겨진 상추 몇 포기만 땅에 엎드려 겨우 숨을 몰아쉬고 있었다. 힘없이 자라고 있는 푸성귀를 보니 갑자기 흙이 미워졌다. 확 파 뒤집고 싶은 성질이 생기지만 마음을 꾹 눌렀다.

잔디는 잔디대로 풀에 눌려 피해를 보고 있다. 환삼줄기는 갓 심은 나무에도 친친 감아 오르니 영양을 빼앗긴 잎이 누렇게 시들어 괴로움을 당한다. 환삼줄기 성품은 독하고 강해 이웃에 대한 배려는 안중에도 없었다. 오로지 본인만 살겠다고 무섭게 뻗어나가 영토를 넓히는 이기적인 식물이다.

그러고 보니 잡초의 성장이 나의 성질과 비슷하다. 무슨 일거리가 있으면 잠을 자지 않고 집착한다. 일이 끝날 때까지 옆도 뒤도 돌아보지 않고 앞으로만 간다. 옆 사람에 대한 양보와 배려는 안중에도 없다. 특히 돈이 관련되면 잡초보다 더 독하다. 죽기 살기로 매달려 일을 한다. 잡초가 질기다 해도 삼백육십오일 일하는 나의 손만큼 질기고 독할까.

세월 따라 걷다 보면 인간이든 식물이든 변하기 마련이다. 푸른 것이 좋다고 놔둔 것이 뽑아내기 힘들 정도로 커졌다. 어이가 없고 머리가 멍하니 어지럽다. 내가 봐줄 식물이 아닌 것을 알았다. 완전히 골칫덩어리를 안고 사는 것 같다. 하는 수 없이 나무와 잔디를 피해 제초제를 뿌렸다. 처음엔 새까맣게 죽어갔다. 하지만 그것도 잠시뿐이었다. 비를 몇 번 맞더니 죽었던 풀들이 작은 새끼까지 안고 줄지어 되살아나고 있다. 더욱더 싱싱하게 자란다. 눈앞이 깜깜해지면서 앞이 안 보인다. 다시 제자리로 돌아온 텃밭을 넋 빠진 사람마냥 멍하니 바라보고 섰다.

일이 하나 더 업히니 매일 일 구덩이에서 살고 있다. 별장은 나의 여가를 완전히 빼앗아 갔다. 좋아하는 글도 쓸 시간이 없다. 숨 돌릴 시간이 없다고 하면서 내년 봄까지를 상상하며 그려본다. 참 어이없는 발상이다. 그렇게 풀과 싸움을 하고서도 무슨 미련이 있어 잡초가 나오기 전에 상추와 고추를 심어야겠다고 생각하는지 모르겠다. 하기야 실패는 성공의 지름길이라 했으니 내년에는 풀이 나오기 전에 까만색 비닐을 덮고 옥수수와 여러 가지 채소를 심어 이웃과 나누어 먹을 것이라고 야무진 꿈을 꾸어본다.

감사 가방

드르륵 셔터문이 열리면 또 하루가 시작된다. 다람쥐 쳇바퀴 돌듯 매일 같은 일이다. 손님이 오면 "어서 오세요." 하고 얼굴에 미소를 가득 담고 인사를 한다. 첫 번째 내어놓은 메뉴다.

음식은 눈으로 먼저 먹고 입으로 즐긴다고 한다. 하지만 기분이 좋아야 눈으로도 즐길 수 있고 맛도 느낄 수 있다. 기분 좋아 먹은 음식은 마음속까지 풍족하게 채워지지만 그렇지 않으면 제 아무리 많이 먹어도 마음과 배는 허전한 수렁에 빠진 기분이다. 손에 잡힌 숟가락만 괜히 시큰둥하게 들어 올렸다 내렸다 할 뿐이다. 그러다 보면 맛을 느끼지 못하고 상투적인 말투로 음식에 화풀이를 하게 된다.

큰 상인이나 소상인이나 최고의 품질을 갖추는 것이 기본이다. 친절이 부재료라고 한다면 역시 부재료도 최고로 기본을 갖추어야 한다. 특히 음식 장사는 맛도 있어야 하지만 손님을 맞이하는 친절도 최우선으로 꼽는다.

사람이 사는 인생길은 산을 오르듯이 내리막도 있고 오르막도 있다. 생명의 끈을 잡고 가는 험난한 삶에 쉬운 일은 하나도 없다. 자기 직업에 만족하는 사람도 드물다. 내가 하고 있는 요식업도 직업 중에 제일 어려운 직업이라고 생각한다. 손님이 없으면 애가 쓰여 속이 숯 검둥이처럼 타고 손님이 많으면 육신 고생으로 병을 얻는다. 이런 과정이 음식 장사인데 사람들은 쉽다고 착각하여 너도나도 창업에 꿈을 꾸기도 한다.

열 명이 문을 열면 절반은 시작하자 문을 닫는다. 실패의 원인은 집에서 하는 요리처럼 간단하게 생각하기 때문이다. 음식 장사는 요리 솜씨도 필요하지만 긴 세월을 엮어 나갈 수 있는 인내도 키워야 한다. 무슨 사업이든 충분한 지식과 경험을 얻고 난 후 시작해야 하는데 안일하게 생각한 것이 원인이 된다. 나도 아무 경험 없이 젊은 나이에 시작하여 말을 다 할 수 없는 뼈아픈 고생을 했다.

처음 시작할 때는 문만 열어 놓으면 손님이 그냥 들어오는 줄 알았다. 그런데 완전 극치에 닿았고 뜻밖의 일들이 생겼다. 손님이 많을 거라고 기대를 한 부푼 가슴은 산산조각으로 무너지고 허탈한 마음은 근심으로 쌓였다.

문을 열고 보니 한 팀도 없어 공치는 날도 있었다. 이것이 현실이고 삶의 전쟁터였다. 현실에 깨어나 비탈길을 기어오를 때가 한두 번이 아니었고, 손님이 없으면 쓰리고 시린 가슴도 다독여야 하고 손님이 많으면 손에 물 마를 시간 없이 일에 매달려야 했다. 하나에서 열까지 무엇을 넣어 끓이면 맛있는 반찬이 될까, 어떤 신선한 재료를 써야만 좋은 맛을 낼 수 있을까, 쉴 틈 없는 고민과 정성의 과정으로 맛의 승부에 도달하였다. 낮과 밤을 오가며 연구하고 창작한 덕에 오이 하나를 가지고 열 가지 요리를 할 수 있는 요리사가 된 것이다. 이런 긴 세월의 고난 끝에 전문집이 되어 손님 입맛을 맞추게 되니 세월도 친절을 베풀어 내 무딘 인내를 덮고 인정하였는지 맛집에 노포老舖라는 깃발도 달아 주었다.

고객에게 신뢰를 얻어 사십여 년 넘게 한 곳에서 영업을 하고 있다. 꾸준히 하다 보니 어느 날부터 고향 같은 포근한 손님들과

정으로 엮어졌다. 이 손님 저 손님 단골이 생기고 등본 없는 촌수가 되어 형제자매같이 가까워졌다. 그동안 한결같은 마음으로 도와주신 손님들께 말로 다 표현할 수 없을 만큼 감사드리며 하루하루 최선을 다하고 있다. 나를 이만큼 도와주신 분들께 무엇으로 어떻게 보답을 드려야 할지, 그저 매일 기도한다. 감사하다고, 몸 건강히 좋은 일로 돈 많이 벌어 자주 오시라고.

삼십 년이 넘었지 싶다. 평생 잊지 못할 일도 있었다. 이층에서 식사한 손님 한 분이 내려 와 계산을 했다. 그리고 조금 있으니 다른 한 분이 또 계산을 하자고 한다. 나는 "다른 분이 계산했습니다." 하였더니 이유를 물어보지도 않고 큰 소리로 입에 담지 못할 욕설을 했다. 어느 대기업 딸의 땅콩 사건과 물벼락 같은 갑질은 아무것도 아니었다. 욕질과 폭언이 기고만장했다. 식사하던 손님들도 하나같이 놀란 표정으로 바라보았다. 하지만 남의 일이니 누구 한 사람 나타나 쌍스러운 언행을 말리는 이가 없었다. 모두 숟가락을 들고 우두커니 기막힌 표정으로 바라볼 뿐이다. 나는 너무 갑작스러운 일에 죄인처럼 막말을 듣고 있어야 했다. 남이 볼 때는 무슨 큰 잘못으로 질책을 받고 있는 것으로 보였다.

그때 내 나이 사십 대였다. 그 순간 손님이 왕이라는 생각밖에 들지 않았다. 무조건 고개를 숙이고 죄송하다고만 했다. 그러고 있는 중에 같이 온 일행이 나타나 그 손님을 데리고 나갔다. 가게는 조용히 침묵이 흘렀다. 장사하는 것이 죄인 같아 손님 보기에 부끄러워지고 아무 말 못하고 폭언을 들어야 하는 내가 비참하고 슬펐다. 지갑을 든 강자가 손님 권리이니 장사꾼인 약자는 그저 머리 조아리며 겪어야 하는 것이 현실이었다.

손님들이 나를 위로했다. 참 잘 참았다고 하면서 모두 한 마디씩하고 나갔다. 위로를 받은 내 마음은 금세 안정을 되찾았다. 그리고 며칠 뒤 일행 중 한 사람이 찾아와 미안하다며 사과를 하고는 큰 매상을 올려주었다. 은행에 근무하다가 퇴직한 사람들이라면서 연신 고개를 숙였다. 장사 똥은 개도 안 먹는다는 우스갯말이 있지만 참고 살다 보니 손님에게 사과받는 날도 있었다. 아팠던 마음이 풀리고 위로가 되었다. 그러고 보니 나는 뼛속까지 장사꾼 물이 들어있었는지 미안하다는 말 한마디에 마음이 수그러들고 안정이 되었다.

그동안 나쁜 일보다 좋은 일들이 많았다. 긴 세월 같이한 단골손님은 형제자매같이 가깝고 정이 들었다. 오늘은 지난 세월과 어깨를 나란히하고 걸어온 여정 꾸러미를 풀어 손님들의 은혜에 감사 가방을 안고 외친다. 그동안 도와주신 손님들의 마음을 차곡차곡 접어 가슴 깊숙이 넣고 파란 하늘을 올려보며 정말 감사하다고 크게 외쳐본다.

낮은 턱

스크린 속에서 군사분계선 판문점을 보았다. 미국 대통령 트럼프를 가운데 세우고 남과 북 두 정상이 금단의 땅을 밟고 왔다갔다 하는 장면이다. 국민들은 숨을 숙이고 텔레비전 앞에 모여들었다. 당장 통일 소식이 온 천지에 전파되어 흘러내릴 것 같은 순간에 가슴을 조이며 바라보고 있었다.

분단 이후 처음이다. 불과 한 뼘밖에 안 되는 낮은 턱을 70여 년이 넘게 긴 세월이 막고 있었다. 한 발만 옮기면 서로 왔다갔다하는 길목이다. 어린아이도 건널 수 있는 아주 낮은 턱이었다.

고양이와 쥐조차 후딱 넘을 수 있는 낮은 벽을 하얀 종이 한 장의 서명으로 남과 북을 갈라놓고 보고도 못 가는 거리를 만들어 놓은 것이다.

약소국가의 비극이었다. 문서 한 장에 발을 묶어 놓고 긴 세월을 남과 북이 원수 아닌 원수로 살고 있다니 슬픈 민족의 운명이다. 3·8선 허리를 매고 있는 쇠사슬만이 한반도를 경계하고 있다고 했는데 판문점 앞에 높은 벽도 아닌 낮은 턱이 있었다니 다시 한 번 서명 위력을 실감케 했다.

이북에서 피난 온 남편은 "저런 낮은 턱이 있었나?" 했다. 한 발만 옮기면 가는 곳인데도 못 가는 것은 힘없는 국가의 비애라고 했다. 요즘은 학교도 문턱이 낮아졌으며 그 높은 은행도 문턱이 낮아졌다. 우리 아이들이 대학 갈 때만 해도 대학 문턱이 한없이 높았다. 초등학교 때 학생이 많아 오전반 오후반이 있었다. 그것도 한 반에 보통 오륙십 명씩 되어 콩나물 교실이라 하였다. 그 아이들이 대학 갈 때니 대학 문턱이 당연히 치열하고 높았다.

은행도 마찬가지이다. 옛날엔 돈을 좀 빌리려고 은행을 찾으면 보이지 않은 문턱이 높아 돈 대출하기가 하늘의 별 따기였다. 그랬던 요즘은 은행도 서로 돈을 빌려준다고 은행 세일즈맨이 가게를 찾아다니는 세월이 왔다. 이렇게 시대가 빠르게 변해가고 있는데 분단된 우리나라는 아직도 해결을 못하고 있으니 무엇이 문제인지 답답하다.

십 년이 넘었지 싶다. 1월 어느 날 내가 속한 봉사단체에서 이북 개성을 방문한 적이 있었다. 해운대역에서 야간열차를 타고 경기도 도라산역에 도착하니 새벽 5시였다. 역에는 남쪽 회사의 버스가 기다렸고 아침 식사도 준비되어 있었다. 간단한 식사가 끝나고 다시 버스를 타고 이북의 검문소에 도착했다. 이북군인이 한 사람씩 사진과 얼굴을 보고 또 보면서 검문소를 통과시켰다.

버스는 아스팔트 길을 따라 개성 시내로 들어갔다. 차창 밖을 바라보니 넓은 도로 옆에 빌딩을 짓다가 멈춘 미완성 건물이 보였다. 너무 추워 쉬고 있는지, 재료가 없어 멈추고 있는지, 철근 몇 가닥만 세워졌다. 시멘트를 바르다가 멈춰진 곳도 여러 군데 있었다. 일행을 태운 버스가 지나가니 천 조각 같은 커튼을 밀고 구경을 하는 여인의 얼굴이 아파트 창문에 살짝 얼렁거리기도 했다.

시내를 벗어나 박연폭포로 가는 길은 깡촌이었다. 밭에 흙들이 기름기 없이 꽝꽝 얼어있는 겨울의 황토밭에는 돌멩이들이 엉기정기 나열해 있었다. 풀잎 하나 없이 겨울을 견디는 몰락한

밭들이 모조리 꽝 말랐다. 버스는 한참을 달려 박연폭포에 도착했으나 폭포는 보이지 않고 투명한 얼음 기둥이 바위처럼 우뚝 솟아있었다. 그것을 보는 순간 입을 다물지 못한 일행들은 이북이라는 것을 잊고 "와" 하고 감탄의 외침 소리가 하늘을 향해 서 있는 얼음 기둥만큼 뻗어 올라갔다. 폭포수 밑 저수지가 꽝꽝 얼어 얼음 운동장이 되어 수십 명이 들어가도 빠지지 않았으며 눈을 보고 아이들이 좋아 날뛰듯이 얼음 저수지 안에서 동심으로 돌아가 뛰어봤다. 물 위에 얼음 위에 서서 서로 손을 잡고 돌고 또 돌았다. 흘러내려야 하는 폭포수가 얼음 기둥이 되어 높이 뻗은 가운데 태양 빛은 광량한 은빛으로 비추고 있었다.

고려시대 문화재가 조선시대를 이어 지금까지 그대로 보존되었다. 고려 때 연회장으로 사용하였다는 정자와 임금이 앉았다는 돌의자도 박연폭포 주변에서 주인을 기다리듯이 옛 모습을 하고 있었다. 정몽주의 생가도 보존되었고 이방원으로 인하여 목숨을 잃은 선죽교의 핏자국도 그때 의미로 희미한 채 남아있는 듯했다.

박연폭포 뒷산에는 보림사라는 절이 낡은 채로 아담하게 앉았다. 이북의 사찰은 남한과 크게 차이가 없었으며 법당에 모셔놓은 관음보살 부처님도 남과 북이 한 나라를 증명하듯 똑같았다.

단지 스님의 모습은 긴 머리를 하고 있으며 옷은 승복이 아닌 평복으로 자유로웠다. 스님은 같은 민족의 만남에 기쁜 얼굴로 반갑게 맞이하였고, 사찰을 안내하는 아가씨도 친절히 절에 대하여 설명해 주었다.

보림사 문살무늬가 특이했다. 가로세로 또는 팔각형과 원으로 하나하나 세밀하게 만들어진 무늬였다. 어느 효자가 어머니를 여의고 문살을 만들었다는 전설 이야기를 안내원은 따뜻하게 설명해 주었다. 안내원의 친절에 은연중 같은 민족의 정이 흘러 일행 중 한 사람이 예쁜 동전 지갑을 주었다. 나도 무엇인가 해주고 싶어 빈 지갑을 주면 안 된다고 그 속에 지폐 한 장을 넣어주었더니 고맙다고 인사를 몇 번씩 했다. 지금도 그때 활짝 웃던 안내원 아가씨 얼굴이 눈에 아롱거린다.

그때만 해도 개성에서 사업하는 우리 기업인들의 경기가 좋을 때였다. 남한과 가까운 곳에 공장을 짓고 번창하여 화물차들이 제품을 가득히 싣고 판문점 다리를 활기차게 다녔다. 그랬는데 어느 날 갑자기 기업인들에게 날벼락이 떨어졌다. 하루아침에 공장 건물을 버려야 했고 기계와 완제품마저 놓고 나와야 했다. 분단된 민족의 비극에 희망과 꿈을 한순간에 버려야 하는 운명이 되었다.

남편은 TV를 열심히 보고 있었다. “내 죽기 전에 평양 시내와 어릴 때 놀던 모란봉에 갈 수 있을까?” 회상했다. 어머니가 대동강에서 빨래하면 민물장어들이 줄을 지어온다고 했다. 물뱀이라고 쳐다보지도 않았으며 빨랫방망이로 밀어가면서 또는 때려가면서 빨래하는 것을 구경했다고 한다. 그런 옛이야기를 하는 남편도 곧 통일이 올 것 같은 마음인지, TV 앞에서 낮은 턱이 무너지기를 바라는 마음인지, 몸과 마음이 한뜻으로 움직임이 없었다. 그때가 언제쯤 될는지….

나이

"재덕 엄마! 올해 몇이고?"

"스물일곱."

"작년에도 니 스물일곱이라 안 했나?"

따지고 물을 때가 엊그제 같은데 어느덧 숱한 세월이 지나가고 칠십을 훌쩍 넘겼다. 일찍 시집간 나는 아이도 일찍 낳았다. 아이가 초등학교 입학을 하니 젊은 엄마들과 서너 살 연령 차이가 났다. 그래서 엄마들이 나이를 물으면 항상 네 살이나 다섯 살 정도 올려서 대답했다. 그렇게 거짓 대답을 하다 보니 진짜

내 나이를 잊고 산 적도 있었다. 그러나 이제는 나이를 낮추고 올릴 필요가 없다. 세월에 변한 몸이 대답을 해 주고 있다.

눈 깜짝할 사이에 한 달이 넘어가고 두 달이 넘어간다. 일주일을 풀어 놓으면 그냥 가버리는 것이 한 주다. 월요일에는 이것저것 한다고 계획을 잡아 한 주를 풀어놓고 보면 어느새 다시 월요일이 다가온다. 그러다 보니 달력 열 장을 찢어내고 마지막 남은 한 장을 찢어내어야 할 날짜가 며칠 안 남았다. 한 해를 넘긴지도 엊그제 같은데 시냇물 흘러가듯이 그냥 흘러가고 없다.

억셌고 강한 생명의 끈에 묶인 채 칠십 고개를 넘게 무탈하게 넘겼다. 젊은 나이에 육십만 살아도 많이 산다고 생각했는데 세월의 끈은 질기고 질긴가 보다. 겁나고 두려운 나이를 등에 하나 더 메고 세월에 흔적을 남기며 끌려가고 있다.

지난 흔적들이 한 폭의 그림과 같다. 저녁이면 꺾어질 정도로 허리와 다리가 아프다. 어떤 때는 너무 아파 허리를 펴지 못하고 네발짐승이 되어 손을 짚고 계단을 오른다. 곧 죽을 듯 아프다가도 아침에는 언제 아팠나 하고 건강히 일어난다. 비가 왔다 햇볕이 났다 여시가 시집가는 날처럼 허릿병도 여시같이 변덕스럽다. 내일은 병원에 가서 허리 수술을 해야지 하고 다짐을 하지만 일상에 매달려 사는 삶이 몸보다 생업이 우선인 줄 아는지 자고 나면 아픔도 귀신같이 알아서 척척 눈치껏 해 준다.

나는 몸만 병든 것이 아니라 마음도 병든 것 같다. 삶의 애착은 몸보다 생업이 먼저라고 생각하니 얼마나 어리석고 답답한 인간인가. 몸이 건강해야 일을 할 수 있는데 마음의 병은 일을 해야 사는 것으로 생각하니 한심한 노릇이다. 남들은 좀 쉬면서 운동도 하고 몸을 보호하라고 충고를 하지만 나에게는 먼 곳에서 울어대는 모깃소리만큼 작게 들려오니 깨달음도 모르고 바보 천치처럼 살고 있다.

삶의 여정이 얼기설기 할퀴고 있어도 세월은 멈추지 않았다. 내 터전은 억세게 흐르는 강물 속 뿌리에 뻗어 살아왔다. 몸보다 가족과 생업을 우선 삼고 병을 더 키우고 있었다. 아플 때는 병원에 가야지 하는 마음이 뒷날에 병원을 잊고 일에 미친 사람처럼 생활에 뛰어들었다. 부자라고 세 끼 먹고 가난하다고 한 끼 먹는 것이 아닌데 왜 그렇게 고통 속에서 피곤하게 살고 있는지 나 자신은 깨닫지를 못하고 있다. 오늘까지 걸어온 나의 삶이 전쟁터에서 죽기 아니면 살기로 싸운 전사들과 같다. 고통으로 얼룩진 삶의 투쟁이 덩어리로 쌓였지만 그 속에는 인내라는 의지가 있었다.

요즘은 삶에 애착이 생긴다. 세월이 흘러가는 물처럼 흐르지 말고 어린아이가 아장아장 걷듯이 천천히 갔으면 한다. 맑은 공기 속에서 천지사방을 둘러보고 글과 더불어 좀 쉬었다 갈 수 있는 형편이 되기를 내 운명에게 부탁도 한다. 더 소망을 바란다면 현재 하고 있는 일손을 접고 여행으로 사물과 대화하면서 살고 싶다. 흘러가는 물을 잡지 못하듯이 다가올 시간을 멈출 수는 없는 것이 진리지만 그래도 좀 천천히 쉬었다 가기를 바란다. 세월이 멈추어 주기를 바라는 어리석은 마음도 가져본다.

운명을 논한다면 그렇게 나쁜 팔자는 아니었다. 우리 부부에서 아들 셋 며느리 셋 손자 손녀까지 열두 식구가 불어난 것이다. 큰아들은 건설 사업을 하고 둘째는 철강 유통을 한다. 막내는 서울에서 IT 사업을 하고 있다. 큰아들은 딸 둘을 두었으며 둘째는 딸 하나를 두었고 막내아들에서 손자 하나를 얻었다. 손주 넷을 합하니 열두 명으로 대가족이 성립되었다. 이만하면 인간으로서 태어나 한 가정을 충실히 만들었다고 자부한다.

한 가정이 성공하는 것은 사랑하는 가족이라는 무기가 있었기 때문이다. 힘들고 괴로울 때는 자식을 생각하고 뼈가 아프도록 일을 했다. 옆에서 무럭무럭 커 주는 사랑스러운 아들들이 없었다면 오늘 내가 이 자리에 있었겠는가. 오늘 행복한 것은 부모와 자식의 끈이 묶이고 묶이어 나의 힘보다 가족의 힘이 더 컸기 때문이다. 덕분에 늦게나마 편안한 마음으로 문학 생활을 즐기며 글을 쓰는 여유를 가질 수 있는 것도 밀어주는 가족이 있었다.

밤은 침묵하여 추억을 더듬어낸다. 그동안 살아온 기억이 활동사진처럼 뇌를 때린다. 어떻게 생각하면 잘살았다고 하겠지만 몸이 아프거나 마음이 우울할 때는 고생으로 살아온 기억이 가슴에 앉아 세상이 싫어질 때도 있다. 자식도 키워보면 열 손가락 안 아픈 손가락이 없다고 하듯이 세상만사 사는 것도 고통 없는 삶은 없다. 경우에 따라서 아픔도 기쁨도 있었겠지만 신경이 둔해졌는지 자식 애착도 무디고 깨달음도 부족하여 구별 못 하는 경우가 많다. 세상을 바라보는 눈도 거미줄 사이로 왔다갔다한다.

억센 손가락으로 자판을 툭툭 친다. 이제는 제법 빠르게 써 내려간다. 모든 일은 노력 없이 성과를 얻을 수 없다더니 나는 부지런히 쓴 덕분에 손가락 놀림이 빨라졌다. 낮에는 시간이 없어 남이 잘 때 자지 않고 한밤중을 이용하여 컴퓨터 앞에 앉는다. 지금 새벽 두 시를 알리지만 수필에 빠진 나는 피곤을 잊은 채 나이도 잊은 채 지난 삶을 글에 털어놓는다. 마지막 남은 것은 세월이 나의 손을 잡고 가다가 조용히 놓는 날이다. 좋은 계절 좋은 날 좋은 시에 갔으면 하지만 그것 또한 부질없는 욕심이 아닐까. 이제는 삶에 원망 같은 건 하지 않는다. 이만큼 살려 주었으니 세월에게도 감사할 따름이다. 남은 것은 멋진 수필집 한 권 내기를 바랄 뿐이다.

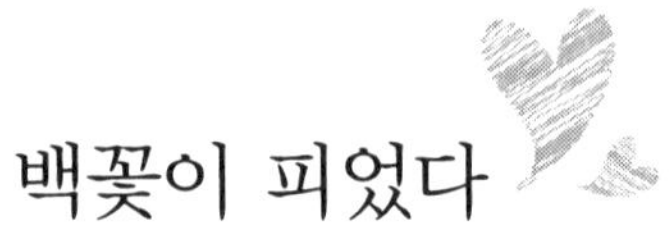

백꽃이 피었다

뱃고동 소리가 난다. 큰 배들이 들락거리는 부산항 5부두이다. 가방을 들고 배를 향하는 남편의 어깨가 축 늘어졌다. 일 년에 한 번씩 겪는 일인데 오늘따라 유난히 발걸음이 무겁고 뒷모습이 쓸쓸해 보인다.

여섯 살짜리 큰아들이 "아빠, 가지 마." 하면서 옷자락을 잡는다. 남편은 아이를 덥석 들어 안아준다. 가슴에 매달려 떨어지지 않으려 하는 아이를 안은 채 소곤거린다. "엄마 말씀 잘 듣고 동생들하고 잘 놀아." 하고 간신히 부두에 내려놓고 빠른 걸음으로 배를 향해 걸어간다.

큰아들이 전 같지 않게 울먹거린다. 아빠가 배를 타고 멀리 간다고 해도 그냥 '바이바이' 하고 돌아서면 그것으로 끝났다. 그랬는데 이번에는 자꾸 눈물을 흘린다. 조금 컸다고 철이 들었나 보다. 지금 가면 일 년이 되어야 온다는 것을 눈치채었는지 옷자락을 잡고 놓지를 않았다. 아빠도 마음이 괴로운지 뒤돌아보지 않은 채 배를 타자마자 안으로 들어갔다.

남편을 보내고 택시를 타고 오는 중에도 큰아들은 자꾸 운다. 눈에 눈물이 계속 고여 있다. 집에 와서도 동생들과 놀 생각 없이 혼자 시무룩하니 앉아 있다. 저녁밥을 주어도 먹지 않는다. 나는 며칠 있으면 아빠가 온다고 거짓말을 둘러댔다. 그래도 그 말이 믿어지지 않는지 계속 속을 태우며 울먹거린다. 벌써 오십여 년 전의 일이다.

열아홉 살 때 외항 상선을 타는 선원과 결혼을 했다. 결혼한 후에도 남편은 미국 가는 배를 일 년 정도 타다가 첫아들을 낳으니 배에서 내렸다. 발밑이 저승인 바다에서 고생하고 받은 월급이 꽤 많았다. 그 돈으로 무엇을 할까 생각하는 중에 택시 운전하는 누나의 남편이 택시 사업을 해보라고 권했다. 괜찮은 일 같아서 자형 말을 듣고 택시 한 대를 사서 운전하는 자형에게 맡겼다. 처음엔 수입이 아주 좋았다. 이렇게 돈이 모아지면 머지않아 또 택시 한 대를 살 것만 같았다. 하지만 그것은 희망 사항이고 꿈이었다. 날이 가고 달이 가니 들어오는 수입이 차츰 적어졌다. 택시를 더 사겠다는 포부가 하루아침에 눈 녹듯 무너지고 물거품처럼 사라지고 말았다.

남편은 차츰 적게 들어오는 입금이 이상하여 누나 집을 가보았다. 누나 집은 전과 달랐다. 처음 보는 가전제품들이 방마다 그득했다. 그 시절에는 여유가 많은 부자만이 살 수 있는 TV와 전축이 있었고 또 다른 가구들도 이 방 저 방에 장식되어 있었다. 그것을 본 남편은 화가 나서 본인이 직접 운전을 하겠다고 택시를 빼앗아 왔다.

남편은 택시 사업을 한 후 운전학원에 다닌 서투른 기술자다. 익숙지 않은 운전에 마음이 불안하여 사람이 드문드문 다니는 새벽에만 택시를 몰았다. 그렇게 몇 달을 하더니 아무 말 없이 어느 날 아침에 택시를 팔고 다시 외항선을 탈 준비를 하였다.

육상 근무가 낯설고 맞지 않았나 보다. 오랜 세월을 넓은 바다와 같이하더니 그곳만이 본인의 생업이라고 생각했다. 큰 태풍을 만날 때는 번개가 배를 때리고 파도는 배의 키만큼 높이 오르며, 술에 취한 사람처럼 이리 기울고 저리 기울어 곧 침몰할 것 같은 고비를 몇 번이나 겪었다고 했다. 그럴 때마다 선원들은 구명조끼를 입고 서로 손을 잡은 채 공포에 떨면서 풍랑이 무사히 지나가기를 기도하였다고 기억을 더듬어 말해주곤 했다. 죽음이 발밑에 있는 위험한 선상이라고 남의 말처럼 하더니 바다를 천업으로 의지하고 고향을 찾아가듯이 남편은 또 배를 타고 떠났다.

그때에는 육상 근무보다 해상 월급이 세 배 정도 많았다. 일 년 외항선을 타고 오면 작은 집 한 채 살 정도로 대우가 좋았으니 다들 외항선을 타겠다고 돈 봉투가 오고 가고 할 때였다. 내가 아는 어느 중학교 수학 선생님이 교편을 버리고 외항선을 탔으니 선원의 월급이 얼마나 많았는지 실감한다.

그런 시절도 세월 따라 달라졌다. 그 많던 월급도 이제는 육지에서 받는 돈과 별 차이가 없으니 모두 배를 타지 않으려 한다. 지금은 외국 사람을 채용해도 몇 개월 선금을 주어야 선원을 구할 수 있다고 하니 무엇이든 호황을 누리는 시절이 있나 보다. 모든 이치가 변하면서 많은 직업이 시대에 따라 사라지고 또 색다른 일거리가 생기면서 현실에 맞추어 살아가는 것이 인간의 여정이라 여겨진다.

아빠 없이 자란 큰아들은 유난히 생각이 깊고 철이 일찍 들었다. 지금도 생각하면 그때의 기억이 눈시울을 뜨겁게 한다. 한집에 세 들어 사는 고등학교 선생님이 있었다. 선생님 아들은 큰아들 나이보다 한 살 더 많았다. 둘은 친구가 되어 잘 놀았다. 토요일이나 일요일이 되면 그 아이는 아빠 손을 잡고 목욕을 가거나 상점에 과자를 사러 간다고 대문을 나선다. 그럴 때는 큰아들이 놀다가도 부러운 눈빛으로 그들이 사라질 때까지 바라보았다. 그것을 볼 때마다 내 가슴이 찡하니 아팠다. 어미가 아들에게 사랑을 한없이 쏟아부어도 아빠의 자리를 채울 수가 없었나 보다.

아빠를 보낸 큰아들은 며칠을 시무룩했다. 조금만 꾸중을 해도 울었다. 큰아들 상황을 남편에게 편지로 써 보냈다. 아이가 자꾸 운다는 편지를 본 남편은 일 년을 못 채우고 귀향했다. 그 후로는 멀리 가는 배를 타지 않고 일주일에 한 번씩 오는 배를 탔다. 홍콩과 일본을 왔다갔다했다. 그러다가 배에서 내려 광안리 바닷가로 이사와 지금까지 함께하고 있다.

이제는 팔십이 넘은 노인이 되었다. 큰아들도 오십이 넘어 한 가정에 훌륭한 가장으로 자리 잡았다. 소리소문없이 빨리 가는 세월이라는 것을 알지만 내 아들이 중년이 된 것은 믿어지지 않는다. 세월에 발맞추어 간다고 고생이 많았는지 남편 머리맡에 온통 백꽃이 피어 있고 아들 머리카락에도 군데군데 허연 갈꽃이 우거졌다. 오늘도 석양에 흔들리는 하얀 꽃들이 세상 손을 잡고 인생길을 걸어가고 있다.

글 속에서 나를 키운다

"여보, 학교 가요. 점심은 알아서 드세요."

하고 집을 나섰다. 나이 일흔 넘어 무슨 공부를 할까 했는데 시작이 반이라고 2학년이 되었다. 그동안 머릿속 거미줄을 알게 모르게 닦은 글귀가 세월에 업혀 떠내려갔는지 창공에 뚫린 바깥세상이 환히 밝고 맑아 보였다. 한해를 넘기고 새봄을 맞아 움을 틔우는 새순들까지 내 눈에는 싱그럽게 보인다.

며칠 쏟아진 봄비에 눈이 부시도록 모든 사물이 초롱초롱 생동감이 쏟는다. 지난봄 이쯤에 설레는 가슴 안고 학교 앞뜰에 섰을 때 벚꽃이 활짝 피어 늦깎이 대학생들을 반갑게 맞아주었다. 그러던 일 년이 엊그저께 같았는데 어느새 졸업 학년이 되었다.

아침 도로는 언제나 앞뒤를 다투며 혼잡하다. 집에서 대학까지 자가용으로 이삼십 분이면 가는 거리지만 도로의 갈림길은 알 수가 없어 시간을 넉넉하게 두고 나선다. 다행히 토요일은 직장에 출근하는 사람의 차들과 등교하는 학생의 차들이 없어 주중보다는 훨씬 낫다고 하지만 그래도 크게 차이는 없다. 시대에 따라 생활 수준이 따르고 움직이는 생활도 바쁘다 보니 자동차가 사람의 발이 되어 뛰어다녀야 하는 요즘은 어디를 가도 도로는 때 없이 혼잡한 전쟁터이다.

운전대를 잡으면 어디서 힘이 솟아 나는지 사정없이 달린다. 서로가 다투면 경주하듯이 추월과 추월을 하면서 페달을 밟아 제낀다. 달려 가봐야 목적지까지 3분 아니면 5분 차이인데 한 치의 양보가 없다. 그 와중에 늦깎이 학생까지 한몫 보태니 오죽 복잡할까.

지난해 코로나19가 세계를 떠돌고 있을 때 나는 인생 이모작을 시작했다. 꿈에 그리던 전문대학생 이름표를 가슴에 다니 심장이 활화산처럼 타올라 심호흡으로 달래기도 했었다. 풍선처럼 떠 오른 마음은 온 천지가 아름답게 보이고 학교 뜰 구석구석 널브러진 채 목숨을 지탱하고 있는 잡초까지도 멋져 보였으며 무엇을 창작한 사람이 된 것같이 위대한 느낌에 가슴이 울컥했었다.

세계가 가난하고 위생을 갖추지 못했을 때 세균 콜레라와 흑사병으로 많은 사람이 죽어간 적이 있었다. 그런데 지금은 문화가 발달되어 환경이 깨끗한데도 코로나라는 무서운 균이 구석구석 뻗쳐 휘젓고 다니면서 많은 목숨을 빼앗아 간다. 맥없이 죽어가는 사람과 쓰러지는 자들로 병원은 병원대로 병실이 부족해 쩔쩔매는 이때 나는 배우겠다고 얼굴 반을 가리는 마스크를 쓰고 강의실로 향했다.

강의실에 모인 학생들도 청명한 눈만 남기고 얼굴 반을 마스크로 가렸다. 마스크 위쪽에 남은 두 눈만 보석처럼 반짝거린다. 교수님 강의에 작은 점 하나 놓치지 않으려고 눈에 빛을 튀고 귀를 솟구치며 경청한다. 이론은 강의실에서 실습은 작업실로 옮겨가면서 피곤한 줄 모르고 오후 6시까지 몰두한다. 젊어 못한 공부에 한을 품은 학생들의 애착심은 뇌파에 경련이 일어나도 지칠 줄 모른다.

처음 입학할 때는 모두 마스크를 쓴 낯선 얼굴이었다. 그런데 이제는 반쪽 남은 얼굴에 형형한 눈빛만 보아도 누구인지 알아

볼 수 있는 반 친구들이 되었다. 마음 공간의 벽면도 무너져 거리낌 없이 모두가 한뜻으로 뭉쳐 대며 수업에 참가한다. 일반 학생은 비대면 수업을 받지만 늦깎이 대학생들은 시간을 쪼개어 하기 때문에 수업 시간이 길었다.

강의실에 모인 학생은 모두 일선에서 근무하는 일꾼들이다. 자영업 사장과, 회사원, 그 외 다양한 직업을 가진 사람들이 모였다. 사 년제 대학을 졸업하고도 창업 목표를 두고 전문직에 꿈을 꾸고 배우는 청년도 있다. 주중에 땀 흘리며 일하고 토요일은 종일 수업을 받는다. 오전 9시부터 시작한 수업은 50분씩 나누어 쉬면서 6시까지 수업을 한다. 점심시간은 1시간 30분 주는데 학교 식당을 이용한다. 식사는 좋은 재료로 요리하여 맛이 있으면서 영양분도 풍부했다. 그리고 오후 수업에 들어가면 5시까지 할 때도 있고 또 늦으면 6시까지 계속 이어진다. 배움이 무엇인지 피곤한 줄도 모르고 강렬한 지도에 투정 없이 응하는 늦깎이 학생들이다.

나 또한 요식업을 사십여 년 넘게 하고 있는 여사장이다. 장사를 하면서도 배움에 한이 되어 늘 공부를 꿈꾸며 살았다. 그러다가 지인의 소개로 토요일마다 다닐 수 있는 대학에 입학하고 보니 내 나이가 가장 많았다. 다리가 아파 절룩거리며 다니기가 무척 부끄러웠다. 하지만 자신을 위로하며 용기를 내었다. "배움에 늙은이가 어떠하며 할머니이면 어떻겠는가." 하고 뛰어들었다. 사람은 죽을 때까지 배우면서 산다는데 늙어 공부하는 것이 무에 그리 창피한가도 생각하면서 기회는 항상 있는 것이 아니라는 것을 깨달았다. 다리 아프다는 핑계 나이 많다는 핑계 이 핑계 저 핑계 하다 보면 영원히 배우지 못할 것을 알기에 기회가 올 때 잡아보자고 결단을 내리면서 나 자신을 키우기로 했다.

그러므로 새로운 인생길에 씨를 뿌릴 수 있었다. 어찌 된 일인지 젊은 시절은 가방만 들었다 하면 이상한 변수가 생겼다. 고향에서도 그랬고 객지에서도 그랬다. 배움에 마가 끼었는지 학교에 다녔는지 놀았는지 공부는 했는지 안 했는지 하루 가고 이틀 쉬면서 졸업을 하였다. 내용이 어찌 되었든 결과론에서 본다면 그래도 졸업의 증서가 있어 오늘날 대학이라는 문패를 가슴에 달고 마음에도 달았다. 덕분에 어깨가 으쓱 올라가는 혜택을 받아 걸어가는 발길에 기쁨이 넘쳐 한층 더 가벼워졌다.

남해의 작은 어촌마을에서 어부의 딸로 6·25때 태어나 배고픈 보릿고개 시절도 유년에 겪었다. 사람은 태어나면 도시로 가고 말은 태어나면 제주도를 보내야 한다는 할아버지 말씀대로 나는 일찍 고향을 떠나 객지로 나왔다. 일가친척 없는 타향 생활은 바닷물에 밀리는 자갈과 모래알처럼 세월에 밀리면서 살았다. 고생은 말을 다 할 수 없지만 성공의 목표가 있었기에 참고 견디다 보니 오늘의 이런 영광스러운 지식을 얻어 곳간에 곡식이 쌓이듯이 쌓아 올리고 있다.

그런 나의 삶은 무에서 유를 창조한 수필 공부를 하면서 글과 대화를 하게 되었다. 지금은 대학 교육을 받고 있으니 인생길이 험하다고 해도 큰 계곡을 넘어 무탈한 길을 걸어가고 있는 편이다. 나이가 가장 많은 늙은 할머니 학생이지만 젊은 학생 못지않게 열심히 배운다. 젊어 이루지 못한 책장을 한 페이지 한 페이지 읽고 쓴다. 중간고사를 치고 기말고사를 치면서 리포트도 제출한다. 어려운 문제에 고개를 갸우뚱하면서도 풀어나간다. 교수님 앞에 내어놓은 시험지에 아쉬움을 갖고 심호흡을 움켜쥐고 돌아설 때도 있다. 그렇게 일 년을 훌쩍 넘으니 2학년이 되었다. 후배들이 선배님이라고 부르는 소리에 어깨가 으쓱해지며 “삶이 이런 것이구나.” 기분이 매우 흐뭇하면서 이상 묘했다.

가슴이 펴진다. 훌륭한 할머니가 되었다. 일흔이 넘어 무거운 가방을 한쪽 어깨에 메고 열심히 산 대가가 나타났다. 전국 만학도 대학생 글쓰기에서 금상을 받았다. 일하면서 공부하는 할머니로 TV에도 나왔다. 집에서 고개 숙이고 있었다면 이런 영광을 받았겠는가. 대학에 들어온 덕에 나를 밝히며 키워졌다. 사람은 죽을 때까지 배워야 한다는 말대로 꾸준히 배운 덕에 영광의 방석 위에 앉았다.

이 모든 일은 주변에 큰 도움이 있었다. 늘 감사한 마음이다.

저 달은 그때도 보았을까

동경 나리타공항은 햇볕이 강렬하다. 부산과 기후가 비슷하여 양산이나 모자를 써야만 했다. 이웃 나라 일본으로 여행 온 봉사단 회장들이다. 모처럼 나들이의 들뜬 마음은 붉게 타오르는 태양도 아랑곳없이 천방지축으로 큰 웃음이 타국을 들었다 놓았다 한다.

첫날 첫 번째 여행지에 올랐다. 일본에서 오래된 사찰이며 동경 사람들의 유명한 기도처라고 한다. 이곳 사찰도 한국의 범어사와 같은 큰 절이었다. 대웅전에 앉은 관세음보살님의 미소는 나라가 다르다고 다르지 않았다. 존엄하고 인자한 표정이 한국의 부처님과 같은 미소를 담고 있다. 중생들을 바라보는 여러 부처님도 같은 모형에 같은 눈빛이다. 세심하게 지어진 사찰의 형태도 한국과 비슷하며 주변에 형성되어 있는 상가도 별반 다르지 않았다. 일행은 무리를 지어 즐비하게 놓인 상점에서 필요한 선물을 사기도 했다. 세계가 한 지붕이라더니 상점마다 진열된 상품도 어느 나라와 다름없이 비슷비슷했다.

하룻밤을 묵고 이른 아침부터 가이드 안내를 받아 알펜루트를 향했다. 과학의 위성이 한국과 일본에 비가 온다고 지난 밤에 예보를 하더니 정확하게 비가 내리고 있다. 빗속의 여행 운치의 침묵에 마음의 낭만이 허공을 선회한다. 창밖에는 화산 잿빛 같은 지붕들이 비에 젖어 희미한 회색으로 퇴색되어 있다.

차는 계속 달리고 비는 차창을 때리고 있다. 맨 앞좌석에 앉은 가이드는 마이크를 잡고 알펜루트에 대하여 설명하기 바쁘다. 일본의 명산이며 겨울에 내린 눈이 유월인 지금도 얼음이 되어 소복이 쌓여 있다고 구성지게 이야기꽃을 피운다.

버스를 타고 두 시간을 달려 알펜루트에 도착했다. 다테야마 산을 가기 위해 다른 버스를 타고 꼬불꼬불한 길을 따라 산에 올라가니 터널을 달리는 3층으로 된 트롤리버스가 대기하고 있었다. 터널이라 하면 길게 가로로 뚫는데 이곳은 산 높이로 뚫었다. 35도 경사의 터널이다. 트롤리버스는 쇠로 엮은 로프에 매달려 올라갔다 내려갔다 한다. 버스 구조는 계단을 이용해 3층으로 만들어져 바로 서 있어도 넘어지지 않고 오르고 있다. 훌륭한 기술이다. 차를 타다 보면 조그만 경사에도 뒤로 넘어지는 것 같고 앞으로 쏠리는 것 같은데 아찔한 경사에도 흔들림 없이 바로 서서 올라간다.

나는 일본인의 기술에 감탄했다. 옛날이나 지금이나 그들의 기술이 뛰어난 것은 사실이다. 일제강점기 때도 우리나라 곳곳에 건축물을 세웠다. 부산 영도다리를 건설했으며 경상남도 통영에는 수중 터널을 뚫었다. 그들이 만든 건물과 다리들은 지금도 곳곳에 남아 침입자의 흔적으로 역사를 기록하고 있다.

또 버스를 타고 두더지처럼 자유자재로 터널 속을 달려 정상에 올랐다. 정상에는 하얀 눈이 얼음덩어리로 산 전체를 덮고 있었다. 나무 한 그루 풀잎 하나 자랄 수 없이 얼음에 꽁꽁 눌리고 있다. 유월은 꽃이 활짝 피는 계절이다. 하지만 눈에 짓눌린 이곳은 봄을 잃은 채 일어나지 못하고 있다. 질기고 질긴 쑥마저도 나오지 못하고 파묻힌 채 생명을 부지한다.

협곡에는 태양이 강렬하게 내리쪼였다. 햇살은 봇물 터지듯 쏟아부었지만 꽁꽁 다져진 얼음은 녹을 생각 없이 은빛 산으로 반짝이다. 도로를 끼고 서 있는 얼음 닮은 큰 성벽처럼 높이 쌓여 전쟁을 해도 적군이 침입할 수 없을 정도로 단단했다. 이누이트 민족의 얼음집 모형들이 곳곳에 만들어진 곳에서 일행들은 잠시 이누이트족이 되어 얼음집에 들어가 보기도 했다.

여행코스는 정상까지 갔다가 오던 길로 되돌아오게 되었다. 버스를 타기 위해 터널 속에 있는 간이역 사무실까지 걸어왔다. 사무실 앞 벽에는 사진 액자 하나가 걸려 있었다. 안전모를 쓰고 굴을 뚫는 일본 사람과 착공한 연도가 기록되어 있는 흑백 사진이다. 1931년에 다테야마산 땅굴을 착공했다고 기록되어 있다. 연도를 보는 순간 마음이 무겁고 가슴이 답답해왔다. 일본군에게 나라와 자유를 빼앗긴 일제강점기 시대였다. 이 높은 산 공사를 단지 일본인 그들만이 하였을까. 흘러간 아픈 역사가 꼬리에 꼬리를 물고 일어섰다.

나라를 뺏긴 젊은 청년들이 자유를 외치며 죽어간 일제강점기 때였다. 인간의 존귀한 가치도 짓밟힌 채 옥살이와 매질의 고통을 겪는 시대에 다테야마산 터널 공사가 시작된 연도다. 그때 그들만이 이 높은 산 터널 공사를 한 것은 아니었을 것이다. 강제징용으로 끌려가 사라지곤 했던 많은 조선인들, 이곳 터널 공사에도 참여하여 죽어갔을 것이다. 정말 그랬다면 얼마나 많은 사람이 고문과 매질의 고통 속에서 살았을까 하는 생각에 마음이 무겁다. 고향도 잊은 채 머언 타국에서 한마디 말도 못 하고 참형으로 희생되었을 것이라는 생각을 하니 가슴이 답답하면서 누렇게 녹아내린다.

한 주먹 재가 된 영혼은 얼마나 될까. 이슬로 사라진 그들을 누구 한 사람 이름이라도 불러준 이가 있었을까. 힘없는 나라의 비애에 제물로 희생된 사람을 누가 기억해 줄까. 이곳 터널 속에서 서로 이름을 부르며 얼마나 많은 조선인이 사라졌을까. 죄 없이 죽어간 그들의 고통이 긴긴 세월 동안 산천에 숨어 원한의 눈물로 울부짖고 있는 것만 같다.

이 생각 저 생각을 하다 보니 상상이 되면서 눈물이 난다. 눈덩어리 하나가 가슴 한곳을 누른다. 갑자기 침묵해지면서 힘없는 나라 힘없는 민족의 비애로 눈 밑이 거무죽죽해진다. 조상들이 겪으면서 살아온 세월, 그 고통의 세월이 있었기에 오늘의 후손들은 자유 속에서 살아가고 있다.

호텔로 돌아왔다. 마음이 착잡하다. 우울해진 몸을 온천으로 풀었다. 노천 온천에 몸을 담그니 비가 촉촉이 뿌려준다. 다테야마 터널에서 죽어간 영혼들의 원한이 눈물이 되어 끊임없이 내리고 있는 것 같다.

빗속의 구름 사이로 초승달이 보였다. 자유를 애타게 부르며 애통해하는 모습을 저 달은 그때도 보았을까.

거문도에서 소주 한 잔

새봄을 맞으니 여러 곳에서 봄 기행 문의가 들어온다. 시간이 많이 없는 나는 고민 끝에 거문도 문학 기행을 택했다. 자동차로 갈 수 있는 곳은 언제라도 마음을 정하면 갈 수 있지만, 배를 타고 가는 곳은 큰마음을 가져야 하고 시간도 많이 비워야 하니 단체가 갈 때 가는 것이 좋을 것 같아 따라나섰다.

모처럼 나들이에 잠을 설쳤는지 버스에 앉자마자 사정없이 쏟아붓는다. 차창 밖에는 싱그러운 봄꽃이 강렬하게 굿판을 벌였지만 내 잠은 깊은 터널에 파묻힌 채로 피곤을 풀고 있었다. 손을 뻗은 봄볕이 창문을 톡톡 치며 봄 구경하라고 흔들며 깨웠다. 그러나 단잠은 바깥세상을 외면한 채 안타까운 봄놀이를 놓치고 말았다.

거문도는 여수와 제주도 중간 지점에 위치한 다도해의 최남단 섬이다. 고도, 동도, 서도를 이루고 있어 예전에는 삼도라고 불렀다. 청나라 제독 정여창이 섬에 들어와 대학자 김유의 뛰어난 문장력에 탄복하여 이름을 거문巨文도라고 지었으며 항일 운동을 펼칠 수 있었던 것도 학식 있는 인물들이 섬을 지키고 있었기 때문이었다. 또한 고대부터 동아시아 뱃길의 중심지로서 서구 강적에게 고난도 많이 받았으며, 뱃길을 통해 문물과 문화가 먼저 발달되어 19세기 말에 전깃불, 당구장, 전화 등이 먼저 들어온 섬이었다.

거문도 항구에 닿았다. 섬답지 않게 따뜻한 날씨에 일행은 환희를 외쳤다. 부두에 매인 크고 작은 배들과 비릿한 해초 내음은 어촌의 향수였다. 내가 자란 곳도 청명한 쪽빛 물결이 섬을 둘러싸고 해초 향을 뿜어내는 남해의 섬이다. 유년에 갯마을에서 자라서인지 낯설지 않고 오히려 고향에 온 것 같은 포근함에 가슴까지 설레었다. 거문도는 육지의 끝자락 섬이라서 그런지 더욱 청정해역 같다. 태양에 녹은 바닷물도 푸른 비단을 덮은 것같이 잔잔하고 평화로웠다.

다행히 날씨가 좋아 백도 가는 유람선을 타게 되었다. 검푸른 파도를 헤치며 힘차게 달리는 유람선 앞머리가 물결을 자르니 뒤꼬리에서 하얀 포말이 용솟음치듯이 일어났다. 배는 널뛰듯이 덜컹덜컹 솟구치며 내던져지고, 바람을 탄 해수는 배 상판까지 올라와 선객의 옷을 적시며 머리에 쓴 모자까지 잽싸게 빼앗아 달아난다. 역시 바다는 악마 같은 얼굴이다.

30분을 달리니 거대한 바위섬 백도가 눈앞에 펼쳐졌다. 괴기한 섬에 눈빛 형형거리며 숨을 몰아쉬었다. 망망한 바다 가운데 흰 섬들이 깎아지른 병풍처럼 우뚝 솟아있다. 서른아홉 섬의 뿌리는 바다 밑 깊숙이 뻗어 집을 지었지만 위에서 볼 때는 상백도와 하백도 이루어져 있다. 각시바위, 서방바위, 병풍바위, 곰바위 등 천태만상의 기암괴석으로 솟은 천혜의 자연이다.

백도에는 전설이 있었다. 옥황상제 아들이 죄를 지어 유배로 내려온 곳이 거문도 바다다. 그는 외롭게 살다가 용왕 딸을 사랑하게 되었다. 바다에 반하고 용왕 딸에 반한 옥황상제 아들은 풍류를 즐기며 세월 가는 줄 모르고 행복한 날을 즐겼다. 그러던 중 옥황상제는 아들을 데리고 오라고 신하를 내려보냈다. 그러나 심부름을 간 신하도 아들도 오지 않았다. 지상낙원에 반한 그들은 왕의 명령을 잊은 채 즐거운 세월을 보내고 있었다. 화가 난 상제는 벌을 주어 그들 모두 흰 돌로 변하게 하였다는 백도의 전설이다.

망망 해역에 우뚝 솟은 백도는 대단했다. 사방에서 입을 벌리고 하얀 포말을 토하며 달려온 파도는 끝없이 밀려와 강렬한 경고음을 치며 토해내며 때리고 달아나고 또 밀려와 토해낸다. 하지만 바위는 꿈쩍도 하지 않고 서 있다. 큰 논두렁 같은 물고개가 바위 골수까지 때려 보지만 한 치의 흔들림 없이 더욱 강한 자체로 서 있는 태평양의 왕 백도였다.

거문도 항구에서 여정을 풀었다. 섬마을 방들은 생각보다 깨끗하고 조용했다. 뱃멀미로 피곤한 몸을 눕히니 바람을 타고 날아온 해초 향에 몸이 풀린다. 편안한 밤을 보내고 다시 상쾌한 아침을 맞았다. 수평선에서 떠오른 태양은 드넓은 바다를 가로질러 거문도까지 에메랄드빛의 다리가 찰랑거리며 놓였다. 물비늘이 소복이 쌓여 반짝이는 태양의 다리다. 생전 처음 보는 풍경 앞에서 쑥국과 갈치조림으로 푸짐한 조식의 하루 시작 만찬이었다.

가벼운 차림으로 수월산 등산길에 나섰다. 수백 년 묵은 식물과 천년 희귀 조류가 서식하여 천연기념물로 보존되어 있는 산에 남녘의 봄이 일찍 찾아왔다. 능선을 따라가니 밤나무, 향나무, 잣나무, 풍란이 자생하고 있으며 동백나무가 더 많이 숲을 이루었다. 해풍을 맞으며 자라서인지 붉은빛이 강하게 물든 동백꽃은 활짝 피고 떨어지기를 연속하고 있다. 오솔길을 걸으니 동백꽃잎이 발밑에 소복하다. 지천으로 쌓인 꽃잎을 밟지 않으려고 애를 썼지만 온통 꽃길이니 아니 밟을 수가 없다. 살짝 밟으니 멍투성이로 누워진 붉은 꽃이 애달프다.

동백 길 능선을 돌아서니 거문도 등대가 있었다. 등대는 태평양 영해기점에 세워졌으므로 해무가 수시로 날아와 등대를 감쌌다고 한다. 이날도 안개는 순식간에 등대와 우리 일행을 휘감아 모든 사물이 안개 속에 파묻혔다. 간신히 안개 속을 벗어나 다시 동백 꽃길에 들어서니 곳곳에 숨어 있는 거문도 절경에 다시 또 한 번 탄복했다. 어느 섬이나 같은 섬 둘레지만 거문도의 풍경은 어디에도 볼 수 없는 광경이다.

홍해삼 한 접시와 소주 한 병으로 바닷가에 앉았다. 다시없는 찬스였다. 언제 또 이런 추억이 생길까. 남도의 최남단 중간 지점 태평양을 바라보고 소주 한 잔이라, 최고의 시간에 멋진 하루다.

아름다운 거문도 노을은 서녘 담을 슬슬 넘어가고 있다.

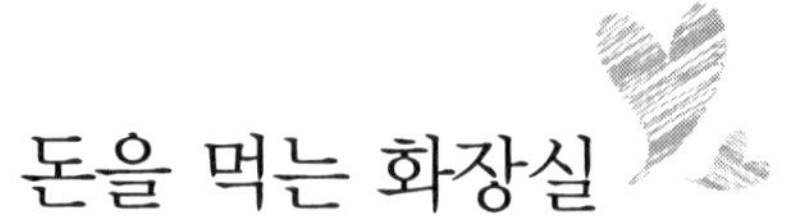

돈을 먹는 화장실

"1유로 있나?"

"2유로짜리다."

"2유로는 안 된다."

다급한 소리가 들렸다. 이태리 밀라노 어느 화장실 앞에서 동전을 구하는 소리다.

"빨리 찾아봐. 급해."

애원하는 소리가 들리니 너도나도 1유로를 찾아준다. 버스 안에서 가이드 설명을 충분히 들었지만 낯선 생활에 익숙지 않은 우리는 금시 듣고도 잊어버렸다. 화장실을 한번 가려면 1유로 동전을 넣어야 한다. 한국에서 전철을 탈 때 막고 있던 개찰구가 열려야 통과하듯이 밀라노 화장실 입구에도 투입구가 있어 동전 1유로를 넣어야 회전문이 열리고 들어갈 수 있었다.

이태리는 강대국이며 우리나라보다 크고 자산도 많은 나라다. 패션 나라로 유명해졌으며 대리석 생산으로 많은 외화를 벌어들이고 있는 선진국이다. 그런 나라에서 화장실 인심은 참으로 야박하다. 여행자에게 화장실을 빌려주고 돈을 받는 것이 이해가 안 되지만 그 나라의 문화니 여행객 주제에 불편하다고 이러니 저러니 할 입장이 아니다. 여행자는 묵묵히 따를 수밖에 없었다. 어쨌든 화장실 하나로 벌어들이는 수입이 한 달에 수천을 올린다는 가이드 말에 놀라울 뿐이다.

정말 그렇다면 공중화장실은 대단한 기업체다. 1유로 아닌 10유로라도 급하면 돈을 내고 볼일을 봐야 하는 것이 인간의 생리현상이다. 그것으로 미끼를 잡아 돈을 벌어들인다니 기막힌 사업이다. 나라가 멸망하지 않는 한 사람이 생존하는 한 영구적인 기업체였다. 살아 움직이는 동물은 먹고 배설하는 것이 본능이다. 그러므로 사람도 먹어야 하며 또 먹은 뒤 볼일을 봐야 한다. 먹고 배설하고 또 먹고 화장실을 가고 하는 것이 생명이 붙어 있는 한 숨 쉬는 동물의 법칙이다. 그렇다고 해서 모든 곳에 돈을 내야 하는 것은 아니었다. 무엇이든지 공짜는 없는지 커피숍이나 식당에서는 음식값에 화장실 값도 계산이 되었는지 돈을 내지 않고 그냥 갈 수 있었다.

공중화장실은 고급스러웠다. 천장과 벽, 바닥 모두가 대리석으로 꾸며졌다. 그러나 돈을 받아 운영하는 화장실치고는 깨끗하지 못하며 시설도 매우 부족했다. 사람이 편히 앉을 수 있는 곳엔 뚜껑도 받침도 없었다. 비데 시설은 바라지 않지만 그래도 앉을 수 있는 받침은 갖추어야 하는데 그것마저도 준비가 되어 있지 않았다. 둥글고 큰 항아리 모양으로 된 변기였다. 벽에는 물을 내리는 스위치가 달렸는데 큰 것과 작은 것 두 개가 나란히 기대어 붙어 있다. 큰일과 작은 일을 구분하여 필요 없이 많은 물을 낭비하지 말라는 뜻인가 싶다. 물이 나빠 향수가 개발되었다더니 화장실에도 알 수 없는 향이 뿜어 나왔다. 번쩍거리는 대리석이 아까울 정도로 지저분한 곳에 향수로 독한 냄새를 감추고 있었다.

뚜껑 없는 변기를 보니 먼 옛날 고향에 있는 오줌통이 생각난다. 소변을 볼 때 필요한 작은 항아리 모양으로 된 요강이 있었다. 주로 청색 요강이 많았다. 아침이면 깨끗이 씻어 두었다가 저녁이 되면 큰방 작은방에 넣어둔다. 움직이는 단지 화장실이다. 또 뒷간 옆에는 받침 없이 둥글게 생긴 큰 항아리가 있었다. 소변을 거기에 모았다가 밭에 비료로 사용한다. 밭 농작물을 재배하려면 거름을 주어야 하는데 옛날에는 분뇨가 거름이었다. 농촌의 화장실은 볏짚으로 된 지붕에 담은 돌로 지어졌다. 화장실 문이 있는 집도 있고 또 없는 집도 있었다. 지게를 지고 인분을 퍼내야 하기 때문에 주로 문이 없는 집이 많았다.

도시에는 돈을 받고 인분을 퍼내는 똥 지게꾼이 있었다. 똥지게를 지고 골목마다 다니면서 "똥 퍼소." 하고 소리를 질러댔다. 그러던 시절도 나라가 부강해지고 경제가 발달되면서 똥통을 메고 돈을 벌던 지게꾼 직업도 역사 속으로 사라졌다. 도시든 농촌이든 수세식 화장실이 개발되면서 보통 한 집에 화장실이 두 개 정도 둔 환경에서 생활하고 있다.

한국은 화장실이 어떻게 되어 있는가. 길을 걷다가도 급하게 볼일을 볼 수 있게 갖추어진 나라가 대한민국 화장실이다. 어디를 가더라도 몇 미터의 간격으로 설치되어 있고 지하철역마다 준비되어 누구나 들어갈 수 있게 만들어져 있다. 내가 살고 있는 전철역도 마찬가지다. 옛날에 지어진 화장실은 계단이 있어 다리가 건강한 사람은 괜찮았지만 몸이 불편한 사람은 오르내리기가 어려웠다. 그랬는데 장애인들도 불편 없이 드나들 수 있게 평지에다가 멋지게 다시 지어졌다. 이것 하나만 봐도 얼마나 국민을 배려해주는 나라인가.

화장실 문화가 세계에서 제일 발달된 나라가 되었다. 그렇다고 해서 이태리처럼 여행자에게 돈을 받는 것도 아니다. 공중화장실이든 업소든 무료로 제공해 주어 나라에 구별 없이 누구나 들락거릴 수 있게 준비되어 있다. 외국에서 온 여행자들도 세계 제일 깨끗한 화장실이 한국이라고 말하고 있다.

여행 후 공중화장실을 간 일이 있었다. 밀라노에서 돈을 받던 화장실이 생각났다. 그곳에 비하며 우리나라 화장실은 안방 드레스룸처럼 깔끔하다. 그것뿐인가, 장미 향이 뿜어 나오고 잔잔한 음악까지 흘러나온다. 만남의 장소처럼 조용히 담소를 나눌 수 있는 청결도 갖추어졌다. 이런 나라에 내가 살고 있다는 생각을 하니 어깨가 으쓱해지며 큰 나라가 부럽지 않다.

2부

고맙소이다

고맙소이다

새벽인데 주방에서 물소리가 난다. 귀를 기울여 들으니 남편이 쌀을 씻어 밥을 짓는 소리이다. 철 수세미로 냄비 닦는 소리도 들린다. 저녁에 설거지를 다 했는데 또 할 것이 있는지 요란한 물소리가 고요한 아침을 깨운다.

남편은 어느 날부터 주방을 차지했다. 언제부터인지 내 자리를 통째로 자기 공간으로 만들었다. 주방이 놀이터가 되어 하루 종일 그곳에서 시간을 보낸다. 팔순 넘은 노인이 설거지를 하고 밥을 한다. 몇 해 전만 해도 주방에 들어오면 안 되는 선비인양

하던 사람이 주방을 차지한 후 즐거워하고 있다. 콧노래를 부르며 이 재료 저 재료를 만지더니 이제는 요리 박사가 되었다. 무섭도록 변해버렸다.

서울에서 손자가 온다는 전화가 왔다. 손자가 온다는 전화를 받으니 마음이 바빠졌다. 구정 설이 아직 이틀이나 남았는데 남편은 손자 줄 음식을 준비한다. 칼 소리가 요란하게 들린다. 뒤에서 몰래 엿보니 양파를 까고 파를 총총 썰고 있다. 감자도 깎는다. 양파와 파를 다듬어 계란말이를 할 준비를 한다. 감자는 콩기름에 볶을 모양이다. 손자가 좋아하는 음식을 하는 것 같다. 밤새 기침을 하고 잠은 못 자는 것 같았는데 손자 줄 음식에 피곤도 잊은 채 정성을 쏟아붓는다. 옆에서 보기에도 즐겁고 행복해 보였다.

나이가 들면 남편들이 부엌에서 산다고 하더니 그 말이 맞나보다. 이웃 나라 일본에도 요리를 배우기 위하여 학원마다 할아버지들이 모인다는 뉴스를 보았다. 우리나라도 젊은 남자부터 나이 든 아저씨들이 퇴직 후 요리를 배우러 학원을 찾는다는 소문을 들었다. 옛날 같지 않아 현시대는 직장에 다니는 주부가 많아 부인의 일손을 도와주려고 요리학원을 찾지 않나 싶다.

어느 집 이야기다. 부인이 돈을 벌러 나가니 그 집에도 부엌에서 남편이 살림을 한다. 아침은 물론이고 저녁까지 밥을 하여 밥상을 차려놓는다고 자랑을 하였다. 그 집 일은 그럴 수밖에 없었다. 부인이 늦도록 일을 하고 집에 들어오면 자기 밥 먹는 것조차 힘들어 밥숟가락도 들어 올릴 힘이 없다고 한다. 그러면서 요즘은 요리 솜씨가 더 좋아져 못하는 음식이 없다면서 남편 손맛 자랑을 은근히 하곤 한다.

옛 선비는 굶어도 여자가 하는 일은 하지 않았다. 세월이 변하고 문화가 바뀌어지면서 남자가 하는 일을 여자가 하고 여자가 하는 일을 남자가 하는 시대가 되었다. 영국엔 여자 수상이 남자 못지않게 정치를 훌륭하게 하기도 했으며 우리나라에도 여자 대통령이 있었다. 이렇게 세월은 물 흐르듯 흘러가는 중에 남녀 구별 없이 변해가고 있는 세상을 살고 있다.

남편의 요리 솜씨가 매우 좋아졌다. 서울 손자도 우리 할아버지는 최고의 요리사라고 친구에게 자랑한다. 계란말이에 토마토 케첩을 뿌려주면 더욱 좋아서 "할아버지가 엄마보다 더 좋아." 하면서 큰소리로 할아버지를 기쁘게 해 준다.

남편은 아홉 시가 되면 아침밥을 해놓고 "밥 먹자." 하고 부른다. 수저를 나란히 놓고 미역국, 소고깃국, 때로는 된장찌개에 여러 가지 국으로 매일 바꾸어 가면서 끓인다. 어느 주부가 이렇게 잘할 수 있나 싶다. 밥은 혼합밥이다. 된장도 잘 끓인다. 호박, 두부, 가지도 넣어 끓여낸다. 간도 짜지 않고 싱겁지도 않으면서 구수한 된장 맛을 낸다. 언제 배워 두었는지 생선도 잘 졸인다. 손자 말대로 할아버지는 정말 최고의 요리사가 되었다.

재미로 조금 하다가 말겠지 했는데 그게 아니었다. 멈출 줄 모르고 부엌에서 살아가고 있다. 날이 갈수록 더욱 열심히 요리에 신경을 쓴다. 무엇을 하든 꾸준한 활동으로 건강이 좋아진 남편을 보니 불편한 마음은 사라졌다. 처음엔 마음이 불편해 안절부절못하고 부담스러워졌는데 이제는 그 마음도 없어진 지 오래되었다.

몇 년이 흘렀다. 이제 나는 부엌이 낯설고 남의 집 부엌 같다. 무엇을 해야 하는지 망설여지고 어색하다. 이것저것 만지다가 그냥 나온다. 어쩌다가 내가 그릇을 씻으면 본인이 다시 한다. 며느리가 와서 설거지를 하면 못하게 큰소리를 지르니 세제 묻은 손으로 민망스러워 그냥 나온다. 요리도 본인이 해야 하고 뒷정리도 본인이 손수 해야 한다. 다른 사람이 이것저것 만지면 야단을 친다.

남편은 나와 다르게 설거지를 한다. 그릇을 세제로 초벌 씻는다. 그다음은 팔팔 끓는 물에 집게로 잡고 하나씩 건져 낸다. 소독한 그릇은 물기 없이 깨끗이 닦아 진열장에 넣어둔다. 이것이 남편 설거지 방법이다.

처음 남편이 주방 일을 할 때 이상한 생각이 들었다. 갑자기 변한 남편을 보고 속으로 걱정되기도 했다. 그랬는데 이제는 아무 생각 없이 당연히 해주겠지 하고 앉아서 받아먹기만 한다. 며느리가 와도 부엌에 들어오지 못하게 하니 우리 집 여자들은 살판났다. 가만히 있으면 시아버지가 밥상을 차려주니 복중에 대복이다.

내 팔자가 이렇게 좋아질 줄은 꿈에도 생각 못 했다. 사람 팔자 시간 문제라더니 결혼하여 오십 년을 넘게 살다 보니 내 팔자가 늘어졌다. 만고강산에 나 같은 팔자가 있으며 나와 봐라 싶다. 우리 집 며느리도 마찬가지다. 시집이 이렇게 편하면 누가 시부모를 흉보고 욕을 하고 미워할까.

이제는 밥상을 차려주면 먹고 안주면 안 먹게 된다. 무엇이 어디에 있는지 몰라서도 못 먹는다.

짜도 고맙소이다, 싱거워도 고맙소이다, 하고 먹는다.

광안리는 말한다

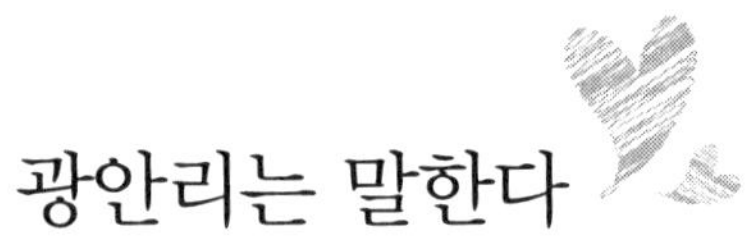

상쾌한 아침이다. 수평선에서 떠오르는 광대한 태양에 넋을 잃고 바라보고 섰다. 둥근 불덩어리 하나가 하늘을 밀어젖히고 오르니 온 천지가 환하게 밝아졌다. 어둠 속 심연을 털고 깨어난 검푸른 바다까지 은빛 비늘에 반짝이니 청량함이 그지없다.

집에서 몇 발자국 걸어 나오면 광안리 해변이다. 그런데 나는 게으름이 문제인지 피곤한 몸 핑계인지 코앞이 대자연 풍경인데도 몇십 년 동안 외면한 채 살고 있다. 타지에 사는 사람들도 광안리 해변 풍경을 보기 위해 돈을 써가며 찾아와 환희의 고음을 치며 즐기는데 정작 나는 가까이 살면서도 좋은 것을 모르고 살아왔다.

다리 수술 후 조금씩 걸어 운동하라는 의사 선생님의 지시에 따라 큰마음 먹고 아침 일찍 나왔다. 작심삼일이라고 며칠을 걸을까만은 일단 시작이 반이라고 걸어보기로 했다. 아침 공기에 세상이 환해 보이고 바다에서 뿜어 나온 해초 냄새가 코를 찌르니 정신이 맑아지고 모든 사물이 건강하게 보인다.

수평선에서 떠오르는 태양을 보니 황홀하다. 광안대교 밑으로 또 하나의 다리가 놓아졌다. 밤하늘에 수많은 별만큼 반짝이는 물비늘 다리가 내 발밑까지 뻗어 출렁거린다. 넋을 잃고 바라본다. “세상 이런 곳이 있었던가.” 감탄이 멈추지 않았다. 기분 좋은 아침이다. 젊어서는 살기 바빠 좋은 것도 나쁜 것도 느끼지 못하고 살았는데 사물을 보는 감정도 세월 따라 익어 가는지 모든 것이 한 폭의 그림과 같다. “이렇게 좋고 아름다운 곳인지 모르고 살았나.” 하는 신심이 솟구치자 흘러간 시간들이 때늦은 후회지만 아까웠다.

그러고 보니 참 많은 세월이 흘렀다. 사십여 년 전에는 광안리가 보잘것없는 어촌마을이었는데 지금은 놀라울 정도로 개발되어 예전의 흔적은 하나도 없다. 있다면 시원하게 펼쳐진 광안리 앞바다와 모래밭에 놀고 있는 비둘기들이다.

남천동 아파트 앞에 선착장이 있어 고깃배들이 들락거렸다. 만선의 닻을 내리며 가족의 목소리가 동네방네 떠들썩했고, 배에 실린 생선에 눈독을 들인 갈매기 떼들까지 요란한 소리로 선착장을 들었다 놓았다. 모래사장에는 어부가 땡볕에 앉아 그물을 손질하기도 했으며, 파도가 몰아 준 조개껍데기를 덕석 삼아 태양 빛과 해풍으로 멸치를 말리는 광경도 있었다. 또 모래밭에서 빨강 고무통에 생선을 담아 파는 아주머니도 있었는데 지금은 어디로 갔는지 고깃배도 없고 생선을 파는 여인들도 없다.

해변 주변을 끼고 앉은 집들도 대부분 널브러진 낡은 슬레이트집이 많았다. 집 앞에 우물이 있어 여인들이 두레박으로 물을 길었고 우물가에 빨래하는 방망이 소리도 정겹게 났다. 어느 날부터 낡은 슬레이트집이 없어지고 고층 빌딩이 키를 재듯 들어섰다. 큰 건물들이 들어섰고 땅값이 건물 높이만큼 껑충 뛰어올랐다. 그러더니 해변 둘레를 끼고 큰 호텔이 하나 둘 세워지니 고급 레스토랑이 문을 열었다. 유명한 커피 매장도 곳곳에 간판을 올리니 상인들이 모여들었고, 여행객들이 광안리를 찾아들어 백사장을 메웠다.

어부의 생활도 더불어 변해졌다. 슬레이트집 대신 아파트에 거주하게 되었고 자전거 대신 자가용을 탔다. 비릿한 생선 냄새 나는 장화 대신 반짝거리는 구두를 신고, 숭늉 대신 커피를 마시는 문화에 호탕한 삶을 누리며 살게 되었다.

심야의 풍경은 극치에 닿았다. 다리에서 뿜어내는 화려한 야경조명과 빌딩 숲에서 새어 나온 빛은 바다 깊숙이 파고들어 춤을 춘다. 겹겹이 쌓은 물결이 일렁이고 오색 무늬 빛이 둑을 넘나들며 만국기되어 펄럭인다. 밤마다 열리는 바다 무대에 수많은 물결의 발레리나가 공연을 하니 여행객이 찾아들면서 관광특구가 되었다. 이렇게 광안리는 세월과 더불어 역사를 뛰어넘어 현대 시간에 맞추어 또 내일을 설계하며 가꾸어 나간다.

조금 걸으니 다리가 아파 소나무 담을 빌려 걸쳐 앉았다. 수평선을 바라보니 하늘과 바다가 닿은 끝자락에 돛단배 몇 척이 움직인다. 일렁이는 물기둥에 보이듯 안보이듯 까물까물 숨었다 나왔다, 올랐다 앉았다를 하고 있다. 요트 선수들이 훈련을 하고 있는 것 같다. 축구 선수나 야구 선수나 일인자가 되기 위해서는 피나는 훈련이 필수지만 땅을 밟고 훈련하는 것도 아니고 한 길 물속이 지옥이라는 것을 알면서도 뼈를 깎는 훈련을 하고 있다. 저들의 목표는 무엇일까. 메달의 영광인가, 자신을 키우는 인내인가. 무엇을 바라보고 억센 바다에서 피나는 고생을 할까. 고통

없는 성공이 없다지만 물 위의 훈련은 더욱 뼈아픈 고통이었다.

젊은 남녀가 파도에 뛰어 들어간다. 밤새 마신 술이 물범으로 둔갑되어 겁도 없이 하얀 거품과 모래알 사이를 밀고 뒹굴며 눕는다. 때맞추어 산더미 같은 파도가 달려와 두 남녀를 안고 떠내려간다. “어머 어쩌나.” 달려가 구해내고 싶을 때 그들이 일어섰다. 놀랬는지 한참 둘이 안고 있더니 밀려온 파도를 지근지근 밟는다. 하얀 거품을 발로 찬다. 모래도 차본다. 아무리 화풀이를 해보았지만 칼로 물 베기요, 의미 없는 성과였다. 파도는 다시 달려와 인간의 발자국 하나 남기지 않고 쓸고 갔다.

나도 변했다. 세상을 밝히는 태양은 그대로인데 내 마음은 오그라들고 조여든다. 사십 년 넘게 광안리에서 살다 보니 젊을 때 고운 얼굴은 어디를 갔는지 기억도 없고 쭈룩쭈룩 주름투성인 할머니가 되어 서산을 바라보고 있다. 까무룩하게 잊고 살아온 흔적들을 활짝 열어 바닷물에 깨끗이 씻고 태양 빛에 말리고 싶다. 하루의 긴 여정을 끝내고 넘어가듯이 나의 여정도 노을빛을 그려내고 넘어갈 것을 정리한다.

황혼길에 넓적한 발자국 도장을 꾹 찍으며 더욱 익어갈 것을….

용기

“우리는 용기 있는 사람이 됩시다.”

오늘 신부님 말씀이시다. 천 리 길도 한 걸음부터라는 옛말이 있다. 시작이 반이라고 무엇이든 용기를 내어 시작하다 보면 반은 하고 있다.

인간은 만물을 지배하는 능력자다. 어디에 무엇이 있는지 모르지만 시작부터 해본다. 사막이든 진흙탕이든 체험을 해봐야 알고 그 속을 들어가 봐야 의문점을 알고 풀 수 있다. 가시밭길 같은 험한 길도 흥하든 망하든 용기를 내어 실천에 뛰어들어야만 알고 헤쳐 나갈 수 있는 힘을 키울 수 있다. 그것이 용기를 가진 자의 능력이고 지혜로운 자의 힘이다.

용기 없는 자는 행동에 약하다. 용을 쓰면서 결과를 얻지 못하고 흐르는 세월에 시간만 빼앗기게 된다. 사람의 성격에 따라 차이는 있지만 용기가 부족한 사람은 시작도 없이 앉아서 공상 속을 헤매고 긴긴밤엔 잠까지 설치면서 기와집만 몇 채 짓는다. 실천에는 옮기지 못하고 빈 깡통을 이리 굴리고 저리 굴리다가 계획을 놓치고 밤만 애타게 세우다가 만다. 결국엔 불도 피우지 못하고 끙끙거리며 아까운 시간만 낭비하는 패배자가 되고 한세상을 뜻 없이 살아가는 사람이 된다.

인간이 인간을 속이며 사는 세상이다. 이웃을 속이고 사기를 치고 도둑질하는 무서운 적들이 약자들 속에서 틈틈이 기회를 노리고 있다. 그 속에서도 눈치 빠른 사람은 지혜롭게 빠져나오지만 어리석고 둔한 사람은 깨닫지 못하고 남의 꼬임에 빠져들어 울부짖는다. 선한 사람일수록 낙심하여 용기를 잃고 생명까지 포기하는 사람도 있다.

총명한 지혜를 갖는데도 용기가 필요하다. 생명줄에 기름이 필요하듯 많은 과제의 끈을 잡고 살아가는 인간에게도 기본이 있다. 흥망 세상을 살고 있는 우리는 내일을 바라보고 밭에 씨를 뿌리면 능력에 따라 많은 벼알을 얻을 수 있고 또는 이삭만 거두어들일 수 있는 것도 지혜의 차이점이다.

내 주변에 자식을 과잉보호한 어느 부모가 있었다. 바깥 사회가 불안하다고 자식을 집에만 매어두었다. 취직도 못 하게 하고 사업은 더욱더 어림없었다. 부모가 주는 생활비로 육십이 될 때까지 살아왔다. 그는 배운 만큼 배운 자였는데 긴 세월을 무의미하게 살다 보니 젊은 날을 세월 속에 묻혀 의미 없이 보냈다. 세상과 담을 쌓은 자식은 용기를 잃었다. 미래를 볼 수 있는 눈도 감겼다. 이순이 될 때까지 부모 말씀에 복종하며 집안에서만 살았다. 학창 시절 꿈꾸던 세계도 어디론가 사라져 머릿속은 텅 비었고 용기의 싹마저도 사라졌다.

생각이 밝아지고 마음의 눈을 떴을 때는 검정 머리가 하얗게 변한 뒤였다. 문을 열고 바깥세상과 소통하고 싶었지만 오랜 세월 닫고 살았기에 두려웠다. 사회 옷을 입고 싶었으나 맞는 옷이 없었다. 용기가 없었고 낯설었다. 때늦은 후회를 해보지만 그것 또한 핑계로 삼았다. 결국엔 부모 탓으로 돌렸다. 용기 없는 자의 특성은 본인의 실수마저도 남의 탓으로 돌린다. 그는 엄한 부모 뜻에 따랐을 뿐이라고 핑계를 삼았다. 쉬고 노는 것도 면역이 되었다. 노력 없이 한평생 놀고먹었으니 일하는 것보다 노는 길이 더 익숙해진 것이다.

그러다가 그의 부모는 세상을 떠났다. 자식에게 살아가는 방법은 하나도 물려주지 않고 눈을 감았다. 부모가 가신 후 재산은 좀 받았지만 경험 없이 이것저것 하다가 사기를 당하고 사업에 실패하게 되었다. 남의 말만 듣고 시작한 일이 잘못되어 결국엔 부모가 물려준 재산을 모두 탕진했다. 그는 본인의 무능한 탓을 후회했지만 모든 재산을 빼앗긴 후였다. 그 후 몸과 마음이 병들어 일을 포기한 채 매일매일 술로 살아간다는 이웃의 이야기다.

TV에서 어미 곰이 새끼 곰을 교육시키는 것을 보았다. 낮은 강물에 어미 곰이 새끼 곰을 빠뜨려본다. 새끼 곰은 물이 무서워 들어가지 않으려고 도망을 갔지만 소용이 없었다. 어미 곰이 따라가서 새끼를 물고 와 다시 물속에 사정없이 빠뜨린다. 몇 번 그렇게 하더니 새끼는 용기를 얻어 자진하여 물속으로 들어가 먹이를 찾으며 살아가는 방법을 터득하는 장면이었다. 인간보다 못한 짐승이지만 교육은 어느 동물이나 같은 점이 있었다.

내 유년 시절 일이다. 여덟 살에 초등학교에 입학하였다. 첫날부터 선생님은 생활 숙제를 내어주었다. 집에 가면 할아버지 할머니 또 어머니께 "학교 다녀왔습니다."하고 인사를 해야 한다고 하셨다. 하지만 집에 온 나는 그 말을 못 하고 온종일 끙끙 앓으면서 물매암같이 빙빙 돌기만 했다. 부끄러워할 수가 없었다. 그러다가 해가 서산에 질 무렵에야 큰 용기를 내어 "학교 다녀왔습니다." 인사를 하고 할머니 광목 치마 속으로 파고들었다. "학교 갔다 온 지가 언젠데 지금 하느냐?" 하고 웃으셨다. 할머니는 그래도 잘했다고 하면서 "내일은 학교 갔다 오던 길로 인사를 해라." 하셨다. 가족 모두 웃으면서 선생님 말씀을 잘 지켰다고 용기를 심어 주었다.

내 나이 칠십을 넘었다. 나이에 관계없이 죽을 때까지 배우면서 산다고 했지만, 그 배움도 용기가 없으며 못할 것이다. 나는 신부님 강론 따라 오늘도 용기를 내어 형광등 밑에서 돋보기를 눈에 장식하고 두 손가락으로 컴퓨터 자판을 툭툭 쳐본다. 덕분에 한 여인의 하얀 머리에 수필 작가라는 흔적이 덧씌워졌다. 손등은 거북이 등이 되었지만 마음에는 꽃이 피고 녹슨 머리에는 기름칠을 하여 한 자 한 자 적어 내려간다. 넘어가는 해도 내 인생에 맞추어 내 발걸음에 따라 흘러가고 있다.

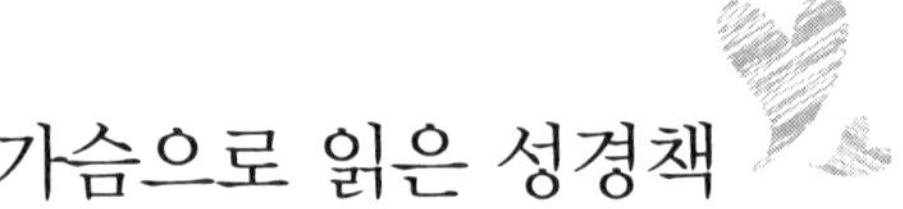

가슴으로 읽은 성경책

성당 뜰을 들어서면 마음이 편안하다. 주님의 은총인가 보다. 지난밤 무척이나 덥더니 아니나 다를까 비가 내린다. 새벽 기도는 참석하지 못해도 주일만은 빠지지 않으려고 애를 쓰며 다닌다.

미사를 마치고 나오니 쏟아지던 비는 간 곳 없고 햇볕이 쨍쨍 빛났다. 쓰고 간 우산을 손에 접어들고 심호흡으로 걸었다. 조금 지나니 저만치 앞에서 이팔청춘은 아닌 것 같은 두 사람이 팔짱을 끼고 천천히 걸어오고 있다.

젊은 사람도 아닌데 이 대낮에 팔짱을 끼고 다니나 싶었다. 거리가 가까워지자 그들과 마주치게 되었다. 처음 보는 얼굴인데 여자가 입가에 미소를 짓고 고개를 숙이며 살짝 눈인사를 하고 지나간다. 나도 엉겁결에 미소를 짓고 목례를 했으나 처음 보는 사람이다.

옆으로 스치고 지나간 그들을 다시 보게 되었다. 이상한 빛이 흘렀다. 순간 걸음을 멈추고 지나간 그들 모습을 한참 동안 서서 봤다. 옛날 같으면 노년이라고 하겠으나 요즘 백세시대라고 하니 중년 부부쯤 되어 보였다. 부인은 밝은색 투피스에 단정한 차림이었고 남편은 깔끔한 신사복에 검은 안경을 쓰고 넥타이는 고운 색깔로 매었다. 한 손은 부인 손을 꼭 잡았고 또 한 손은 성경책을 쥐고 가슴으로 안았다. 지금 시간을 보면 교회 가는 시간이니 옆 어느 교회를 다니는 것 같다. 남자 눈에는 안경 대신 검은 선글라스를 쓴 것을 보니 시각 장애인이었다. 지팡이 대신 부인 팔을 꽉 잡은 손은 마치 전쟁터에서 어머니 손을 놓치지 않으려고 잡은 것과 같았다.

잠시 스치고 지나간 그들의 얼굴 화색이 밝고 맑았다. 이상한 향까지 풍겨 나왔다. 부인의 눈빛은 평화와 기쁨이 넘쳐흘렀다. 나는 몇 걸음을 걷다가 다시 또 뒤돌아보았다. 등 뒤에도 행복한 빛이 배어 나왔다. 묘한 기분에 그들이 멀어질 때까지 넋 놓고 바라보았다.

신비의 영적 문을 열고 하느님 말씀 속에 살고 있는 부부였다. 안경 속에 숨겨진 시각 장애인은 눈보다 마음으로 성경책을 읽으며 주님과 함께하고 있다. 가슴으로 꼭 안은 성경책이 하느님 말씀이고 생명줄임을 알 것 같다. 사물을 보지 못하는 시각 장애인이지만 하느님 사랑의 빛으로 파란 하늘도 볼 수 있으며 마주치는 사람들도 볼 수 있는 마음의 눈을 가졌다.

몇 년 전 세상을 떠난 시동생은 6·25 때 열차에 치어 오른팔을 잃었었다. 남편 바로 아래 동생이다. 소중한 오른팔을 잃었지만 왼쪽 팔 하나를 가지고 한평생을 살았다. 앞을 못 보는 시각 장애인보다는 훨씬 낫다고는 하지만 그래도 정상인보다 많은 불편함을 갖고 사는 사람이다. 성경책을 가슴으로 읽듯이 시동생은 정신 능력으로 팔 하나를 가지고 못 하는 일이 없었다.

큰아들이 친구 집에서 강아지 한 마리를 얻어오니 한 손으로 집을 지어 주었다. 오른발로 나무 중심을 잡아 흔들리지 않게 짓누르고 왼손으로 망치를 잡아 나무에 못질하는 것을 보면 두 팔을 가진 사람도 저만큼 할까 싶을 정도 잘했다. 페인트칠까지 하여 멋진 개집을 왼팔 하나로 지은 것이다. 지금은 머언 곳으로 가고 없지만 팔 하나로 무엇이든 할 수 있는 정신력이 있었기에 건강한 사람 못지않게 더 강하게 살았다.

또 일주일에 두세 번은 다리를 절룩이면서 물건을 팔러 다니는 아저씨가 있었다. 언제부터인지 목발을 짚고 누구나 편하게 들락거리는 장삿집을 찾아다니면서 물건을 팔았다. 그냥 동냥하기가 미안하여 수세미, 칫솔, 이태리타월 등 가벼운 물건을 가지고 다니면서 장사를 했다.

그러던 아저씨가 어느 날 목발 없이 건강한 다리로 집에 왔다. 깜짝 놀라 어찌 된 일이냐고 물었더니 서울대학교에 다니는 아들 학비를 보태기 위하여 장애인 행동을 했다고 하면서 미안한 표정으로 사과를 한다. 그리고 그동안 감사했다고 인사를 하고 돌아갔다. 육십이 넘으면 정상으로 걸어도 힘든 나이인데 멀쩡한 다리에 목발을 짚고 절룩이면서 다녔으니 본인은 얼마나 고통스러웠을까.

아들을 위해서 그 아저씨는 선한 거짓말을 했다. 건강한 다리를 절룩이며 살아온 아버지를 잘못했다고 말하는 사람은 아무도 없었다. 오히려 그 말을 들은 사람들은 모두 대단한 아버지라고 입을 모았다. 부모는 자식을 위해 못 하는 것이 없다고 하지만 마음에서 몸까지 남의 눈을 속이면서 살아온 그 아저씨 마음은 편했을까. 남을 속여야 되는 마음이 절뚝이는 불편보다 더 불편했을 것이다.

자식을 위하는 부모의 심지는 불을 다 태워도 부족하다고 하지 않았던가. 건강한 사람도 걸어 다니기가 힘들었는데 목발을 하면서 장애인 흉내를 내고 다녔으니 본인의 고통은 오죽했으리. 작은 물방울이 바위를 뚫듯이 아버지의 힘든 노력으로 아들을 졸업시켰다. 한 번씩 부자간의 대화가 있을 때 생각난다. 자식을 위해 희생정신으로 살아온 목발 아저씨는 지금 어떻게 살고 있을까. 기억에서 지워지지 않고 궁금하다.

내 옆을 지난 부인을 한 번 더 생각해본다. 남편은 어디서 어떻게 앞을 보지 못하는 시각 장애인이 되었는지 모르지만, 평생을 같이한 부인에게 존경심을 보낸다. 장애인 남편을 보살피면서 살고 있는 여인은 과연 몇 명이나 될까. 건강한 사람도 버리고 가는 세상에 남편의 손과 발이 되어 평생을 함께한 부인의 정성은 모든 아내가 본받아야 할 것이며 사물은 꼭 눈으로만 볼 수 있는 것이 아니라 가슴으로도 본다는 것을 깨달아야 할 것이다.

세월은 인내의 뿌리를 자라게 했다. 앞 못 보는 남편의 손과 발이 된 부인의 삶도 그랬고 먼 나라로 떠난 시동생의 삶도 그랬다. 자식을 위해 스스로 장애인 흉내를 내면서 거짓 행동으로 살아온 목발 아저씨도 최선으로 살았다. 각자 형편대로 건강한 사람은 건강한 대로 장애인은 장애인대로 누구나 최선을 다해 참고 살아간다.

맞춤형 성형

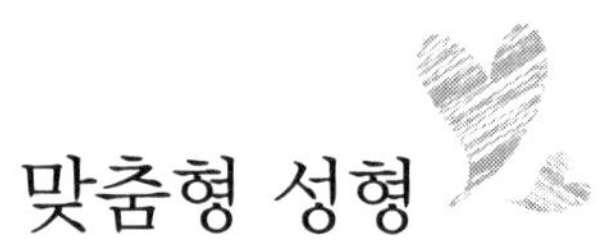

입춘이 지나갔다. 대동강 얼음 녹는 소리가 봄의 전령 따라 문턱을 넘어 들어오니 우수가 깨어나고 내일모레면 경칩날 개구리도 뛰어나와 새봄에 피어나는 봄꽃과 만날 것이다.

화원집 앞이다. 일년초 꽃들이 오밀조밀 모여 속살까지 내어놓고 개구리를 만날 준비를 한다. 흰 수선화와 붉은 채송화, 노란 팬지, 제비꽃, 꽃잔디까지 겨울 번뇌를 씻으며 봄볕을 쬐고 기다린다.

한 번씩 가는 단골 화원집이다. 뒤엉켰던 일상을 정리하고 다시 한정식집을 개업한다는 지인에게 화분을 선물할까 하고 들렀다. 개업 집에는 어떤 것이 좋을지 몰라 이것저것을 보고 있으니 주인 사장님이 비닐하우스 안에 좋은 나무들이 많으니 들어가 보라고 한다.

꽤 넓은 공간에 갖가지 나무들이 정글을 이루고 있었다. 푸르디푸른 사철나무와 열대에서 볼 수 있는 야자수들이 만만찮은 이름표를 허리에 달고 구석구석 뻗쳐 있다. 기름칠을 하였는지 반질반질한 윤기에 고개는 양 좌우로 도래짓을 한다. 다양한 묘목에 다양한 잎들이다. 보름달보다 더 넓적한 잎과 능수 가지처럼 기다란 잎, 각자 개성대로 뻗어진 수형들이다.

어디서 뿜어 나오는지 꽃 향이 비닐하우스 공간을 가득 채웠다. "보이는 것은 우직한 나무들뿐인데 무슨 향이 이렇게 상쾌한가." 하고 사방을 둘러보니 작은 잎맥 사이에 총총히 세워놓은 스파트필름 화분에서 뿜어 나온 향이다. 길쭉한 잎 사이에 하얀 드레스를 입고 여왕처럼 우뚝 서서 만국민을 바라보듯이 나무들을 보고 향을 뿜어 소란을 피운다. 향에 취한 나뭇잎들은 한 줌의 바람과 그림자도 없는데 이상한 소리까지 내면서 여러 곳에서 몸을 비비며 특유한 진동을 하고 있다. 자세히 들으니 싱싱한 나뭇잎들이 자연의 이치대로 음과 양이 있듯이 꽃에 반한 잎들이 사랑을 찾는 소리였다.

어떤 것이 좋을까 고민하면서 이것저것을 구경했다. 잎만 있는 행복나무가 좋을까, 꽃이 핀 재래종 난이 좋을까. 예쁜 것이 많아 판단하기 어려웠다. 개업하는 집이니 돈 많이 모이라고 돈나무를 살까 하고 보고 있었다. 그러다가 옆의 나지막한 단풍나무에 눈길이 갔다. 키가 작고 수형이 예뻤다. 반질반질한 도자기 화분 대신 빨간 플라스틱 화분에 앙증맞게 앉아 있다. 그런데 왠지 좀 불편해 보였다. 자세히 보니 잎 하나 흔들리지 않았다. 다른 나무들은 바람 없이도 자유롭게 잎사귀들이 살랑거리며 사랑 노래를 부르는데 단풍나무는 꼼짝도 하지 않고 목석처럼 굳어 있었다.

유심히 보니 철사로 여기저기에 묶였다. 꼼짝 못 하게 꽁꽁 묶이어 비틀어졌다. 성형의사로부터 몸 전체를 성형 받았다. 키는 억제제를 먹여 자라지 못하게 했으며 마디마디 뻗어있는 몸은 다이어트약을 먹여 군살은 뺐다. 얼굴은 높이 세우기도 했고 깎아 낮추기도 하여 마네킹마냥 예뻤다. 성형이 성공적으로 잘되어 미인대회에 나가면 일등하여 가치가 높아 등급 순에 들겠다. 그러나 무엇이 불편한지 굳어진 형태에 “좀 풀어주세요.” 하고 애원하는 것 같다. 순간 “어머, 멋지다.” 하는 생각도 사라지고 내 몸이 무엇에 묶인 것 같고 굳어지는 것 같아 화원을 급히 빠져나왔다.

인간의 잔인함은 하나의 분재에서도 나타났다. 개개인의 사업 방식이지만 살아 있는 생명을 사방으로 묶어야 하는 안타까운 현실에 과연 이런 일이 옳은 일인가, 왜 우리는 자기 욕심을 채우기 위해 말 못 하는 식물까지 비틀며 학대를 하고 있는지, 한 번쯤은 누구나 생각해볼 문제이다. 수십 개의 가지를 뻗어 수천 년을 살면서 인간을 위해 산소를 만들어 공급하는 생산자다. 그런데 인간은 자연을 무시하고 부작용이 있든 없든 돈 벌 욕심으로 긁어내고 깎아내는 성형을 잔혹하게 하고 있다.

옛날 중국에는 전족의 시대가 있었다. 여자가 귀하여 도망가지 못하게 대여섯 살이 되면 발이 크지 못하게 천으로 꽁꽁 매었다. 전족은 여자아이에게만 해당되었다. 천으로 감은 발은 피가 나고 고름이 생겨 움직이지도 걷지도 못하여 엉금엉금 기어 다녔다. 여자만의 가진 슬픈 발의 발육이다. 지금은 서양 문화가 발달되어 남녀 구별 없이 커가는 세월에 씩씩하게 걷지만, 옛날 여자가 아장아장 걷던 이유가 여기에 있었다. 이런 중국 여자 발의 슬픈 전족 성형은 오랜 역사를 남기고 사라졌다.

현대의 과학기술은 골격을 다루는 성형이 더욱 발달되었다.

뼈를 끼우고 근육을 만들어 사람 체형을 바꾸어 놓는다. 옛날의 성형은 눈 쌍꺼풀과 코를 세우는 것이 대부분이었는데 요즘은 얼굴 윤곽까지 깎는다. 넓적한 턱은 갸름하게 만들고 길쭉한 얼굴은 둥글게 다듬어진다. 각각 다르게 본인이 원하는 대로 맞춤형 성형이 이루어지고 있다.

현재 살고 있는 세상은 성형 천국 시대다. 젊으나 늙으나 성형이 유행하고 있다. 성형을 하지 않으면 못 사는 것처럼 너도나도 경쟁을 한다. 가만히 있는 골격을 이리저리 꺾어 단풍나무 분재처럼 모형을 바꾸어 낸다. 옛날엔 이순만 되어도 중늙은이라 했는데 요즘은 성형으로 다듬어진 얼굴이 오육십 대처럼 보여 청춘이라고 하니 앞으로 백 세가 되어도 노령이라 부르기가 껄끄럽겠다.

그때 가면 뼈를 깎아 세운 노구의 얼굴들이 어떻게 될지…. 휘어진 분재 모양처럼 변형될 것인가, 아니면 누가 누구인지 개성 없는 얼굴에 서로가 보아도 모르고 살 것인지. 훗날의 성형은 더욱 발달되어 또 같은 얼굴들이 쏟아지지 않을까 싶기도 하다.

인간의 성형이 어디까지 갈 것이며 그때에는 뼈를 깎아 세운 얼굴들이 어떻게 될지…. 미래의 얼굴은 보름달이 될까, 초승달이 될까, 분재 수형처럼 굳어진 얼굴이 될까.

조릿대 병정

올해는 유난히 춥다. 어느 겨울은 매섭게 춥고 또 어떤 겨울을 봄처럼 따뜻하게 넘어갈 때도 있었는데 금년은 숨이 막히도록 강추위가 전국을 휘감았다.

따뜻하다고 자부한 부산이 영하 11도다. 그러니 전국이 얼마나 혹한에 떨고 있는지 알 것 같다. 오십 년을 부산에서 살고 있지만 올해같이 추운 겨울은 처음이다. 일기 예보를 듣고 수돗물을 열어 놓아도 엄동을 피하지 못하고 모든 물이 꽝꽝 얼었다. 혹한을 견디지 못한 수도 배관이 펑펑 터져 얼음덩어리가 되어

길가에 소복하게 쌓여 있다. 아파트는 지하 따뜻한 곳에서 관리를 하지만 옛날에 지은 단독 집들은 배관 자체가 녹슬고 망가져 추운 겨울을 견디지 못했다. 여기저기에서 배관이 터져 고생하는 집이 한두 군데가 아니었다.

십오 년 전이다. 대학의 평생교육원에서 경영학을 공부한 남자 동기생들과 산악회가 구성되어 매달 이 산 저 산을 찾아다니는 산악 모임이 있었다. 나는 시간이 허락지 않아 일 년에 서너 번밖에 따라다니지 못했다. 그날은 대둔산을 간다기에 눈 보러 나섰다. 부산은 기후가 따뜻하여 좀처럼 눈이 잘 오지 않는다. 그래서인지 눈 구경가자 하며 앞장서서 따라나서곤 했다.

일행들은 대둔산 입구에 내려 미끄럼 타듯 눈길을 엉금엉금 걸었다. 정말 장관이었다. 생전 보지 못한 눈이 펑펑 쏟아졌다. 아무도 밟지 않은 눈길을 걸으니 감탄과 환호가 폭발했다. 함박눈들은 앙상한 청솔나무 잎에 둥글게 올라타 커다란 흰 꽃을 만들어내었다. 또 나뭇잎은 눈의 무게에 짓눌린 채 땅바닥까지 늘어져 흔들흔들 그네를 타고 있었다. 그렇게 멋진 설경은 처음 보았고 마치 설국에 온 것 같았다. 아름다운 설경에 추위도 잊은 채 무릎까지 올라온 눈과 씨름하듯 뒹굴고 뒹굴었다. 팔을 벌리고 쏟아지는 눈을 향해 소리 질렀다. 취하도록 웃었고 즐거움이 극치에 닿았다. 정상에 올라가 산 아래를 내려다보니 온 천지가 하얗다. 산과 마을이 설경에 묻혔으며 산을 오르는 사람들도 눈에 덮이어 사람인지 눈인지 구별하기 어려웠다.

대둔산엔 또 하나의 기막힌 풍경이 있었다. 바람 부는 방향 따라 한곳을 바라보고 서 있는 작은 조릿대 군락지다. 억세게 불어닥치는 눈바람에도 그들은 무엇을 지키는지 나란히 서서 한곳을 바라본다. 한 치의 비틀어짐 없이 고개를 옆으로 돌리고 서 있다. 거울같이 맑은 얼음 옷을 입고 나열해 있는 조릿대 병정들이다. 엑스레이를 찍어 보듯 환히 보이는 얼음 속 조릿대는 푸른 그 자체에 뼈가 중심이 되어 기둥 역할을 하고 서 있었다. 투명하며 반짝이는 옷은 칼날같이 뾰족하니 길렀다. 그들은 센 바람에도 비틀어지지 않았으며 흔들림도 없었다. 맡은 업무에 최선을 다하는 굳건한 군인 같았다.

나열한 조릿대 병정들을 보니 내 아들들의 군 생활이 떠올랐다. 아들 셋에 둘째는 남편이 제대한 해군에 입대하고 제대했다. 큰아들과 막내는 육군에 복무했다. 면회를 한 번씩 가면 군인들이 훈련하는 광경을 보게 된다. 푸릇푸릇한 바탕에 희끔희끔한 무늬의 군복을 입고 상사의 호령에 따라 좌향좌, 우향우의 함성에 발과 손을 맞춘다. 집에서 생전 보지 못한 씩씩한 광경이다.

내 아들이 씩씩해 보이면서 나라를 통째로 지키는 것 같아 가슴이 벅차올랐으며 뜨거운 눈물까지 났다. 참으로 훌륭하고 대견스러웠다.

첫아들이 군에 갈 때는 곧 죽으러 가는 것처럼 눈물로 밤을 새웠다. 그러다가 둘째아들이 가고 또 막내까지 갔다. 아들 셋을 낳아 나라에 큰 일꾼으로 바쳤다. 큰아들은 내무반에서 근무를 했지만 막내는 취사반에 근무했다. 취사반은 일이 많았는지 면회를 가면 손등이 터서 피가 나곤 했다. 고생이 심한 것 같았다. 형들은 눈물을 보이지 않았는데 막내는 막내라서인지 면회 갈 때마다 눈물을 흘렸다. 마음이 아팠지만 아들이 겪어야 될 과정이니 "열심히 해라." 하는 말밖에 할 수 없었다. 그 후 세 아들은 군 복무 삼 년을 무사히 마치고 제대하여 지역의 예비군이 되었다.

부산도 눈이 한 번쯤 멋지게 왔으면 좋겠다. 그럼 대둔산까지 눈 구경 가지 않을 것인데 하고 상상을 해본다. 마음대로 생각대로 춥다 덥다 고무줄처럼 당기고 늘릴 수 없는 것이 자연의 이치이며 근원적인 원리를 인간이 무슨 수로 막아설 수가 있겠는가. 인간은 자연 앞에 아무것도 할 수 없는 무의미한 존재라는 것을 알면서도 부산에 눈이 오기를 바라니 철없는 아이와 같았다.

도시에 대둔산처럼 눈이 온다면 모든 것이 마비될 것이다. 첫

째는 교통이 마비될 것이며 둘째는 생활에 필요한 난방이며 수도며 식량까지도 마비가 되어 추위에 죽어 나가는 사람도 있을 것이다. 난로가 동이 나고 기름값이 어디까지 치솟아 생활에 불편은 말할 것도 없지만 가난한 사람들이 살기에는 더욱 힘들 것이다. 부산은 다른 지방보다 기후가 따뜻하여 타지방 사람들이 많이 모여 사는 곳이다. 바다를 끼고 있어 생존 밑거름에도 큰 도움을 준다. 단지 해양도시다 보니 바닷바람이 세게 불어 춥다고 느끼지만 기온은 영하로 떨어지는 날이 그렇게 많지 않다.

하얀 눈은 그 자체부터 깨끗하여 보는 마음도 청결하다. 언제나 눈을 보면 기분이 좋아져 거리를 걷고 싶다. 하얀 눈을 밟으면서 아이들처럼 뛰어 보고도 싶은 마음이지만 어른이라는 체면 때문에 인내를 짓눌리고 산다. 수많은 세월이 흐른 지금도 대둔산 눈 생각을 한다. 높고 높은 산꼭대기에 얼음 칼을 옆에 찬 조릿대 병정이 생각난다. 바람에 따라 무엇을 바라보는지 고개를 돌리고 한곳을 보고 서 있는 조릿대 병정들.

오늘도 똑같은 얼음 옷을 입고 얼음 칼을 옆에 차고 서 있을까.

다시 가볼 수는 없고 그때 그 모습이 보고 싶다.

기대어 산다

눈이 곧 쏟아질 것 같다. 문학 공부를 마치고 나오니 북극에서 불어 닥치는 칼바람이 전신을 휘어 감는다. 보통 추운 날씨가 아니다. 두꺼운 코트를 입었지만 매서운 겨울바람은 옷 틈새를 파고 들어온다. 금년 들어 최고의 한풍이다.

추위를 피해 가까이 있는 올케 집으로 들어갔다. 올케는 같은 동네에 살고 있어 오가는 길에 들르면 따끈한 커피를 주고 때로는 쌉싸름한 녹차도 내어놓는다. 오늘도 훈김이 솟는 차 한 잔을 준다. 커피도 아니고 녹차도 아닌 생전 처음 먹어보는 차였다.

싱겁고 밍밍한 맛에 의아한 표정을 지으니 눈치 빠른 올케는 "겨우살이차예요." 한다. 차는 연갈색으로 맛있어 보였지만 내 입에 익숙지 않아 특별한 맛을 느끼지 못했다. 올케는 겨우살이에 대하여 이야기를 꺼내었다. 1,700종 이상 좋은 성분이 함유되어 백가지 병에 효험이 있으며 차로도 많이 마신다고 한다. 또 연하게 끓여 물처럼 마시면 건강이 좋아진다고 하면서 연신 부어준다.

인터넷을 열고 겨우살이 성분을 찾아보았다. 인터넷 곳곳에 겨우살이의 효능을 알리고 있다. 암 환자에게 특히 좋고 여러 가지 성인병에 효과가 뛰어났다. 폐순환을 도와주고 잇몸 염증을 치료하며 탈모를 막아준다고 한다. 또 피를 깨끗이 하여 노화 방지에 도움을 주고 뼈를 튼튼하게 하며 신장에도 효능이 있다고 자세하게 적혀 있다.

겨우살이가 나무에 서식하는 과정은 이러했다. 새가 열매를 먹고 나뭇가지에 앉아 배설한다. 그때 씨가 나뭇가지에 걸쳐 뿌리를 내리고 둥지를 틀어 여러 개의 가지를 뻗으며 열매를 맺는다. 주로 깊은 산속에서 푸른 잎을 틔우고 참나무, 밤나무, 뽕나무들에 업혀 더부살이로 서식한다. 제집도 아닌 곳에 기대어 살면서 남의 재산까지 빼앗은 이치와 비슷하게 나무의 영양분을 빨아먹으며 사는 기생식물이다. 나무의 영양을 먹고 자란 겨우살이는 사람들에게 만병통치약으로 쓰이지만 영양분을 다 빼앗긴 나무는 속이 텅 빈 빈껍데기가 되어 목재로도 쓸 수가 없다고 한다. 모든 이치가 음지와 양지가 있듯이 겨우살이가 붙어사는 나무도 이와같이 하나가 좋으며 하나가 희생 제물이 되었다. 영양을 빼앗긴 나무는 가구나 집을 짓는 목재에는 버림을 받지만 대신 방을 따뜻하게 데우는 온기 역할에는 또 하나의 일등공신을 한다. 이렇게 자연이 만들어 낸 이치는 좋은 것이나 나쁜 것이나 버릴 것이 하나도 없다.

이십여 년 전에 돌아가신 친정어머니 생각이 난다. 위암으로 칠십삼 세에 세상을 뜨셨다. 혼자 촌에 계시면서 아파도 자식들한테 알리지 않고 병을 키웠다. 위암이라는 것을 알 때는 이미 말기가 되어 수술도 어려웠다. 그래도 나을 수 있을까 하여 큰 병원에서 수술했지만 고생만 하고 완치는 되지 않았다. 남들이 하는 항암치료도 한 번 받아보지 못했으며 약도 제대로 써 보지 못하고 손을 놓고 말았다. 병을 일찍 찾아내었더라면 좀 더 생명을 연장할 수 있지 않았을까 하는 아쉬움이 항상 남아있다.

지금도 어머니를 생각하면 그리움에 눈물이 솟는다. 요즘같이 살기 좋은 백세시대에 조금만 더 사셨으면 좋았을 텐데 마음이 아파온다. 가는 세월을 잡아두고 꺼져가는 생명을 살리는 약은 없지만 항상 한이 되어 가슴에 돌덩어리 하나가 앉아 있다. 하기야 돈 많은 대기업 회장도 죽음을 이기지 못했고, 중국의 진시황도 불로초를 찾아다녔지만 빈손으로 모든 것을 버리고 갔다. 내 사랑하는 어머니인들 무슨 수로 막을 수가 있을까만은 그래도 좋은 약 이야기만 들으면 어머니 생각에 눈시울이 뜨거워진다.

김해 사는 친구 집에 놀러 갔다. 현관에서부터 부엌, 마루, 안방까지 손닿는 곳마다 약통이 줄을 서 있었다. 관절약과 비타민C, 비타민D, 종합비타민, 소화제 등 없는 약이 없었다. 기간이 오래된 약부터 시작하여 몇 년 후까지 유효기간이 새겨진 약통들이 줄줄이 진열되어 있었다. 나이가 들면 약에 기대어 산다지만 그래도 너무 많은 약을 복용하는 것 같아서 걱정이 되었다.

그러고 보니 남 흉볼 일이 아니다. 나도 식탁 위에 약통이 친구만큼 많다. 병은 하나에 약은 수백 가지라더니 그 말이 맞나 보다. 큰며느리가 뉴질랜드에서 사 온 홍합 관절약, 막내가 미국에서 사 온 은행 추출물과 비타민 등 하루에 몇 가지 약을 먹고 있다. 예전에는 지인들에게 커피나 중국 홍차 같은 것을 선물 받았지만 요즘은 선물의 대세가 약이다. 남이 볼 때 내가 많이 아파 보이는지 관절약이 선물 1호를 차지한다. 고질병 허리와 다리가 아파서 그렇지 다른 곳은 아직 건강한 편인데 남에게 환자로 비치니 그것도 나의 아픔이다.

올케는 겨우살이를 조금 가지고 가서 주전자에 물을 붓고 팔팔 끓여 물 대신 마시라고 한다. 관절에 좋다니 거절하지 않았다. 또 탈모에도 뛰어난 효능이 있다니 꾸준히 달여 먹고 싶다. 천 가지 약효가 있다니 어느 병이든 나을 수 있겠지만, 약은 인내를 가지고 먹어야 하는데 나는 인내심이 빵점이다. 언제나 약을 지어도 끝까지 먹어본 적이 없다.

겨우살이도 먹다 버릴 것이 분명하다. 올케가 비닐봉지에 가득 주는 것을 마다하고 한 움큼만 얻어왔다. 겨우살이가 더부살이하듯 내 삶은 약효에 기대고 싶지 않은 마음이 조금이나마 깊숙이 자리하고 있나 보다.

어머니는 잘 계시는가

두껍게 쌓인 낙엽을 밟으니 스펀지처럼 폭신폭신하다. 장안사 등산길에 덮인 단풍은 오색으로 호화찬란했다. 폭신한 낙엽 덕분에 운동화 속에 파묻힌 발은 호강으로 편안한지 아픔을 느끼지 못한 채 걸음걸이가 가볍다. 반면 낙엽은 상처투성이가 된다. 사람이 차에 치여 뼈가 부서지고 살점이 떨어져 나가듯이 잎사귀가 조각조각 부서지고 있다. 가냘프고 힘없는 그들은 누구의 도움도 없이 맹목적으로 적에게 밟히어 이리저리 뒹굴고 뼈마디는 바람 따라 또 다른 곳에 부딪혀 상처로 쌓인다.

가을이면 한 번씩 찾아가는 장안사 뒷길 산책길이다. 일 년 중 꼭 한번은 단풍과 만나게 된다. 남들처럼 먼 설악산이나 지리산을 갈 수 없으니 가까운 장안사 앞 계곡과 등산길을 찾아 자연과 더불어 한 해를 마무리한다.

장안사는 나와 인연이 있다. 이십여 년이 훨씬 지난 세월이다. 남해에서 운명하신 어머니를 모셔다가 장안사 사찰에서 사십구재를 지냈다. 어머니는 생전에 마을 뒷산 용문사를 다니시면서 부처님을 믿고 찾았다. 마지막 가는 길에도 그곳에서 머물고 싶어 하셨지만 자식들 생업이 부산이라 어머니 말에 따를 수가 없었다. 어쩔 수 없이 영정사진을 모셔와 부산 가까운 사찰 장안사를 택한 것이다. 또 이곳은 어머니 살아계실 때 어느 가을날 구경하러 왔는데 계곡물 소리와 단풍을 보고 매우 좋아하셨던 곳이기도 했다.

어머니 영정사진을 모시고 장안사를 왔을 때 벚꽃이 활짝 피었다. 꽃가마를 타고 시집오듯이 따뜻한 봄날에 꽃길을 따라 사십구일의 여정을 풀기 위해 장안사 지장전에 도착했다. 천수경으로부터 지장경을 독송하는 스님의 구슬픈 목탁 소리는 천지를 흔들었다. 불교 윤회사상으로 이루어지는 사십구재는 살아생전에 알게 모르게 지은 죄를 소멸하고 다시 이승의 좋은 곳으로 인연을 맺어 소생한다는 의식이었다.

사람이 죽으면 사십구일 동안 중음이라는 곳에서 기다리며 판결을 받는데 이승의 자식들은 스님을 통해 크고 작은 죄들을 부처님께 빌며 지장보살님께 아뢴다는 형식이다. 보고를 받은 염라대왕은 그의 업에 따라 삼악도 불구덩이에 떨어지게도 하고 다시 사람으로 왕생을 시키는 판결을 한다고 한다. 그래서 부모님 사십구재를 모시면서 용서해 달라고 오체를 구부리고 부처님과 지장보살께 절을 하며 빌고 또 빌었다. 사랑으로 키워주신 은덕을 갚기 위해 마지막 어머니께 베풀 수 있는 자식들의 도리로 49일을 신에게 애원하며 빌고 빌 뿐이다.

어머니 살아생전 수많은 고생으로 한평생 사신 것을 안다. 새벽닭 소리가 어머니를 깨우는 시계였다. 여수에서 받아온 생선 바구니를 이고 어둠이 가시지 않은 새벽길을 익숙한 발걸음이 길을 찾아 십 리 면장과 삼십 리 읍장을 다니시면서 고생하신 어머니였다. 잠이 부족해 걸으면서 눈 붙이고 혹 오는 버스는 돈이 아까워 탈 수가 없어 발이 통통 부어도 걸어 다니신 그분의 생애를 나는 눈으로 보고 자랐다. 부잣집 아들로 태어난 아버지는 가난이 닥쳐도 늘 부잣집 맏아들로 돈 쓰는 일밖에 몰랐다. 어머니 역할은 아버지 몫까지 가정을 맡아 책임진 여장부였는데 이렇게 사신 어머니의 죄를 묻는다면 가난이 죄고 고생으로 살아온 것이 죄였다.

그러고 보니 내가 어머니 나이가 되었다. 어머니가 돌아가실 때 나이가 칠십삼 세 그럭저럭 많이 살았다는 세월이다. 지금 세상 같으면 칠십이 청춘이라고 하는데 시대를 잘 못 만나 고생만 하시고 너무 일찍 떠나신 것이 문득문득 억울하다는 생각이 든다. 여자는 약해도 어머니는 강하다는 말을 나는 믿는다. 병원의 체중계에서 40킬로그램 나가는 몸무게로 살겠다고 생선 바구니를 이고 십리 길을 다니신 어머니였다. 그런 어머니에게 무슨 죄가 있을까…. 어머니라는 존재는 다 그렇게 사는 것으로 알고 살아온 나도 어머니 길을 걷고 있다.

올해도 장안사 계곡에 단풍을 보러왔다. 지장전을 찾았다. 어머니는 잘 계시는지 아니면 좋은 곳으로 인연을 맺어 떠나셨는지 알 수는 없지만 어머니가 머물다 가신 곳이라서 그런지 미련이 남아 항상 찾아진다.

그때는 젊은 나이인지라 운전하는 속도가 비행기처럼 빨랐다. 매주 꽃을 한아름씩 들고 부처님 전에 바치면서 우리 어머니 잘 봐달라고 염라대왕께 칠 주를 빌며 다닐 때 남들은 나비처럼 새처럼 피곤도 모르고 장안사까지 다닌다고 했다. 막재 날은 친한 친구들과 지인들이 많이 동참하여 애도해 주었고 수건을 오십 장 했는데 부족했다. 공양간에 공양도 부족해 밖에서 음식을 대접하기도 했었다. 어머니는 좋은 곳으로 가셨는지 막재 날 무슨 경사 난 잔칫집처럼 혼잡했었다.

모든 만물이 때가 되면 생을 마무리하듯이 단풍도 떨어져 한 해를 마무리한다. 고달프게 살아온 여자의 일생처럼 봄에는 꽃을 피워 사랑을 맺고 여름에는 푸르게 성장하여 가을에 씨앗을 남기고 힘없이 떨어져 내리는 낙엽과 사람의 일생도 별다르지 않다. 어머니 생의 마감도 자연 이치대로 후손을 남기고 미련 없이 떠나신 것이다.

좋은 곳에서 잘 계시기를 기도하는 마음은 수많은 세월이 흘러도 허물어지지 않고 내 마음속 깊숙이 항상 살아 있다.

돌부처 문지기

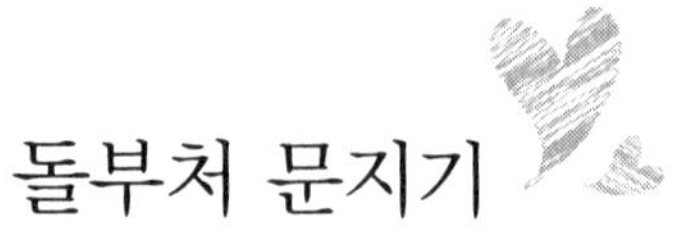

옆집에 근무하는 아저씨다. 군 막사에 보초 서는 장병처럼 항상 그 자리에 서서 밝은 미소에 손님을 맞으며 인사를 한다. 사람이 선하고 어질어 책임에 충실했다. 더위도 추위도 모르는 목석같은 사람이 되어 비바람이 불어오는 날에도 가게 앞에 서 있었다. 집을 지키는 돌부처 문지기와 같았다.

그런데 요즘은 어디를 갔는지 보이지 않는다. 몸이 아파 병원에 입원했다는 소문을 들었는데 아직도 병원에 있는지 계속 그 자리가 비어 있다. 궁금한 생각에 같이 근무한 직원에게 살짝 물었더니 며칠 전에 먼 곳으로 떠났다고 한다. 뜻밖이다. 얼마 전에 서로 인사를 나눴는데 믿어지지 않는다. 이제 갓 예순이 넘어 보였는데 젊은 나이에 갔다니 마음이 아팠다. 어딘지 모르게 웃고 있어도 외로운 그늘이 보이더니 일찍 세상을 등지고 갈 짧은 운명이었나 보다.

가슴이 찡하다. 인간 삶이 별것 아니라 했지만 허무하게 한 생명이 다시 올 수 없는 곳으로 떠나고 말았다. 마음이 공허하여 나도 모르게 그가 서 있던 자리를 멍하니 바라봐진다. 그러나 이웃사촌이 먼 친척보다 낫다고 하던 말도 옛말인가. 불쌍하다는 마음도 금시 잊게 된다. 일가친척이 죽었다면 슬퍼하고 울었을 것이다. 그래서 물보다 피가 진하다고 했던가. 사람의 마음은 간사하여 매일 바라보고 웃으며 인사하고 지냈는데 없으니 슬픔도 잠시뿐이었다.

그는 고향이 김해라고 했다. 가족을 멀리 두고 부산 음식점에 취직하여 혼자 객지 생활을 한 것이다. 그러다 보니 몸을 돌보지 않아 건강을 잃는 원인 중 하나가 되었다. 요즘은 혼밥에 혼술하는 사람들이 늘어나고 독거노인도 많아 정부에서 이웃에 관심을 가지고 살피라고 예고하지만, 모두가 제 살기 바빠 신경 쓸 시간이 없는 현대인의 삶이다. 또 자기 사생활을 남이 볼까 봐 문을 꼭꼭 닫고 사니 고독사가 생겨도 이웃에는 모르고 사는 시대다. 이런 문화에 늙으나 젊으나 혼자 사는 것이 유행처럼 되어가고 있다.

젊은 엄마들은 자식 공부시킨다고 아이를 데리고 유학을 떠난 가정도 많다. 혼자 남은 아빠는 불규칙 생활에 접어든다. 그러다 보면 제대로 끼니를 챙기지 못하고 병을 얻는 것이 기러기 아빠들이다. 내가 제일 싫어하는 것이 기러기 아빠인데 내 아들도 기러기 아빠로 수년을 산 적이 있다. 처음에는 아들 집에 가서 청소하고 밥도 해놓고 왔는데 내 몸이 아파 그것도 못해 줄 때 어미로서 마음만 끙끙거렸다. 청소는 했는지 제대로 밥은 챙겨 먹었는지 이것저것 궁금하여 애만 태웠다. 사람이 얼마나 산다고 가족과 떨어져 살고 있는지 이해가 안 되지만 젊은 사람들의 생활방식이니 어쩔 수 없는 일이었다.

그도 가족과 함께했다면 간암 3기가 되도록 두지는 않았을 것이다. 혼자 객지살이에 병원 한번 가지 못하고 병을 키웠다. 초기에 발견했다면 충분히 고칠 수 있었는데 치료 시기를 놓친 탓이다. 그 원인도 혼자 있었기 때문에 몸을 돌보지 않아 아까운 생명을 잃게 되었다. 시간이 없어 병원에 못 갔다고 했는데 그것은 자신의 몸을 무시한 핑계밖에 안 되는 말이었다. 본인 몸을 생각하고 아꼈다면 제아무리 바빠도 병원을 찾아 치료받을 수 있지 않았을까 하는 아쉬움이 남는다. 혹여 고된 삶에 지쳐 스스로 생명의 끈을 놓아 버렸나 하는 생각도 들어 마음이 애달팠다.

친정어머니도 돌아가신 지 이십 년이 넘었다. 어머니도 촌에 혼자 계시지 않고 부산에서 자식들과 같이 살았다면 세상을 빨리 떠나지 않았을 건데 지나고 보면 모든 것이 후회스럽다. 이웃사촌은 '안 되었다, 불쌍하다.' 이 한마디가 전부다. 그리고 며칠 지나면 잊어버리지만 내 부모는 수십 년이 되어도 기억에서 지워지지 않고 그립고 보고 싶다.

그는 온갖 허드렛일을 맡아가면서 최선을 다했다. 아침 일찍 가게 문을 열고 저녁 마무리를 할 때까지 쉬지 않았다. 남의 일이지만 자신의 일처럼 혼신을 쏟아 부었다. 이웃에서 보고 있으면 요즘 사람 같지 않을 정도로 성실했다. 사람이 다 똑같을 수는 없지만 인간의 가치를 깨닫고 살아가는 순리도 아는 사람 같았다.

이런 부지런한 사람은 어디서나 알아보는가 보다. 하늘나라에서도 그 일꾼이 탐이 났는지 일찍도 데리고 갔다. 이승에도 할일이 태산같이 남아있는데 무엇이 그리 급해 가자 한다고 선뜻 따라갔을까. 아직 생의 유효기간도 끝나지 않았는데 석양이 넘어

가듯이 훌쩍 떠났다. 개똥밭에 굴러도 이 세상이 좋다고 했는데 미련 없이 뒤도 돌아보지 않고 이승의 문을 닫아 버렸다.

억센 삶의 무게가 어깨에 무거운 짐이 되었을까. 혼자 힘이 들었다면 가족과 나누어지고 좀 더 살다 가지 그냥 쉽게 떠났을까. 세상을 버리고 가는 것이 그들의 잘못도 아닌데 이웃 아저씨의 운명이 잊혀지지가 않는다. 죽음에는 순서가 없고 오직 신만이 할 수 있는 능력이라지만….

그래도 추운 겨울을 피해 따뜻한 봄날에 갔다. 목련이 피고 개나리가 물들고 골목길 벚꽃이 만개한 것도 보고 갔다. 아스팔트길에 돋는 봄 아지랑이도 보고 광안리 바다에 피어나는 해무도 보았을 것이다. 순한 꽃바람을 타고 새 등에 나비 등에 업혀 어디론가 좋은 곳으로 날아가 머물겠지.

그 사람이 서 있던 그 옆에는 민들레가 뾰족이 고개를 내밀고 있다. 이웃은 가고 없지만 돌 사이에 핀 노란 꽃은 예전에도 피듯이 올해도 여전히 피어 빈자리를 메웠다.

아버지 집 주소 147번지

'화장 중. 고인의 명복을 빕니다.'라는 글자가 전광판에 새겨져 지나가고 또 지나간다. 육신은 불꽃 속에서 재로 변하고 있지만 영혼은 영정사진 속에 앉아 웃고 있다. 그동안 고난의 삶을 잊었는지 잔잔한 미소에 편안하고 행복한 얼굴이다.

국화꽃으로 두른 영정사진들이 각각 번호판 앞에 놓였다. 사진 앞에 선 상주들은 통곡도 잃은 채 침묵을 삼키며 눈물을 닦아낸다. 그중 한 젊은 여인이 애절하게 통곡하며 울고 있다. 사랑하는 남편을 보냈는지 가슴을 찢어내듯이 오열한다. 보는 이들도 같은 감정에 폭발하여 장례식장은 순식간에 울음바다가 되었다.

시동생 장례식장이다. 한 시간 오십 분이 되어야 유골이 화장장에서 나온다는 담당자 말에 세 아들은 식당으로 갔다. 며칠 동안 아버지 장례에 배고픔도 잊었는지 빠른 걸음으로 달아났다. 시동생 가족은 아들 셋과 며느리 셋 손주 넷이며 부인은 치매로 병원에 입원하고 있다. 남편이 죽어도 모르며 알리지도 않았다. 딸이 없으니 애통해 우는 상주도 없고 상갓집 같지 않게 썰렁했다.

시동생은 해방둥이로 태어났다. 그 후 6·25가 터지고 1·4후퇴 때 아버지 등에 업혀 부산으로 피난 온 사람이다. 부모님 따라 수정동 산 언덕바지에서 볏짚으로 짠 가마니 집에서 살았다고 했다. 집과 집의 경계에 벽돌이 아닌 가로세로 짠 가마니 벽이며 큰방 작은방 구별하는 벽도 가마니 벽이었다고 하였다. 굶주리는 배는 종달새 낮잠 자듯이 굶어가면서 하루하루 유년을 보냈다는 이야기를 늘 했었다.

일곱 살에 열차에 오른팔은 잃고 장애인으로 오늘날까지 살아온 것이다. 청년이 되어 부지런한 여자를 만나 가난을 면하고 기둥이 될 아들 셋을 낳았다. 아들들은 충실히 자라 부모의 큰 보탬 없이 사회인으로 성공했고 각자 배필을 만나 가정을 이루고 평화로웠다.

노후는 편하게 살까 했는데 뜬금없이 집안에 우환이 문을 열었다. 바깥 사회에 뛰어든 부인이 남자 못지않게 많은 돈을 벌어와 부족한 것 없이 가정을 이끌어 나갔다. 그러던 부인이 어느 날 갑자기 치매를 앓게 되었다. 생각지 않은 병환에 자식들은 본인 일에 손을 놓고 어머니 치매 간병에 효성을 쏟아부었다. 하지만 병은 무의미하게 악화되고 자식들 고통은 빛바랜 이슬처럼 혼절해지니 남편이 부인 간병에 나섰다. 건강한 몸도 아니고 한 팔로 병원을 들락거리며 치다꺼리하더니 본인도 결국에 병을 얻고 말았다. 그래도 모진 삶에 매달려 살아왔는데 더는 견딜 수가 없었는지 아픈 부인보다 먼저 큰 짐을 벗어놓고 한 줌의 재가 되어 훌쩍 떠나고 말았다. 유효기간도 몇십 년 더 남아있는데 다 채우지 못하고 구름처럼 연기처럼 훨훨 날아갔다.

영가의 누나와 형수인 나는 영정사진 앞에 앉았다. 그동안 좋았던 기억들과 원망하고 미워했던 이야기, 지난 세월에 겪은 추억담을 영가 앞에서 털어놓기 시작했다. 살아생전 하지 못한 이야기를 끊임없이 해 보았지만 영가는 답이 없고 시누와 나는 일방적이 대화로 이어졌다.

시누이는 시동생과 피를 나눈 형제라면 나는 호적상으로 가족이 된 형수다. 시누이는 먼저 간 동생이 안쓰러워 계속 눈물을 닦고 있다. 6·25 때 폭격이 떨어지는 전쟁터에서 살겠다고 아버지 어깨에 매달려 피난 왔는데 좀 더 살지 않고 일찍 갔다고 통곡한다. "요즘처럼 살기 좋은 세상에 좀 더 있다 가지 복도 없다." 하면서 울고 또 운다. 치매를 앓고 있는 마누라를 간호한다고 몸이 쇠약해 일찍 명을 다했다며 병원에 있는 올케를 원망도 한다. 한 손으로 못 하는 일이 없었고, 반찬이 없어도 상추만 있으면 쌈을 싸서 밥 한 그릇 쉽게 먹곤 하였다고 하면서 손수건에 눈물을 닦고 또 닦아낸다. 다른 형제보다 정이 많아 본인 몸이 아파도 집안의 경조사는 빠지지 않고 찾아다녔고, 서울에서 형제들이 오면 본인보다 잘 사는데도 열차표를 끊어 주는 인정 많은 동생이라고 끝없이 애통하며 목을 멘다.

호적의 관계는 금 저울 달듯이 예민한가 보다. 남편보다 여섯 살이나 아래인 시동생이지만 나의 슬픔은 시누이와 달랐다. 진정한 슬픔이 없었나 보다. 나는 그동안에 있었던 서운한 일들만 생각났다. 형제간에 싸웠던 일과 시골에 땅을 좀 사놓았는데 형님 몰래 팔아 그 돈을 다 써버리고 빈손으로 돌아왔을 때 많이 싸웠던 일을 떠올리고 영가 앞에서 그때 왜 그렇게 했냐고 물어도 본다. "삼촌! 지금이라도 말 좀 합시다. 형님 몰래 땅을 팔아 어디에 썼어요?" 하고 물어도 대답이 없다. 생시 때는 이런 말 저런 말에 신경질을 내고 달려들고 했는데 그 별난 성깔이 어디로 갔는지 아무 말 없이 미소를 담은 채 웃음만 입가에 담고 있다. 죽은 사람보고 지난 일을 따지고 물어본들 무슨 소용이 있을 거라고 마지막 가는 영가에게 빚쟁이처럼 부질없는 원망을 쏟아붓고 있는 내가 도리어 미안하다. 웃는 얼굴에 침 못 뱉는다고 미움도 원망도 사라진다.

화장이 끝났다고 상주를 부른다. 항아리를 들고 오라고 한다. 입관할 때 모습은 어디로 갔는지 보이지 않았다. 목욕을 깨끗이 하고 생전에 해보지 않은 화장도 했다. 누런 삼베에 갖가지 연꽃 모양으로 영혼 옷을 곱게 차려 입혔다. 팔 하나 없이 저승 가면 고생한다고 삼베로 오른쪽 팔을 만들어 달아주었다. 가다가 배고프면 주막에 들러 느슨하게 앉아 술 한잔하면서 쉬었다 가라고 주머니에 지폐도 몇 장 넣어주었다. 그런데 아무것도 없이 흰 가루로 나타났다.

시동생은 긴 삶의 여정을 끝내고 고향으로 돌아가 터전을 잡았다. 다시 태어날 집은 정관 추모공원이고 지번은 147번지이다. 가로세로 30센티미터 되는 작은 방도 장만했다. 1만000번이라는 새 주민등록증 번호도 받았다. 이제는 이승 삶을 잊고 저승에서 태어나 새로운 삶으로 새롭게 살아갈 것이다. 집은 장만했으니 예쁜 색시를 만나면 다행이고 아니면 이승의 부인이 올 때까지 건강히 살기를 바랄 뿐이다.

이승에서는 팔 하나 없이 불편하게 살았지만 다시 태어난 고향에서는 두 팔을 달고 씩씩한 모습으로 명쾌하게 살기를 바라며, 큰아들은 아버지 집 대문을 닫아준다.

3부

세월 속에 들어가 본다

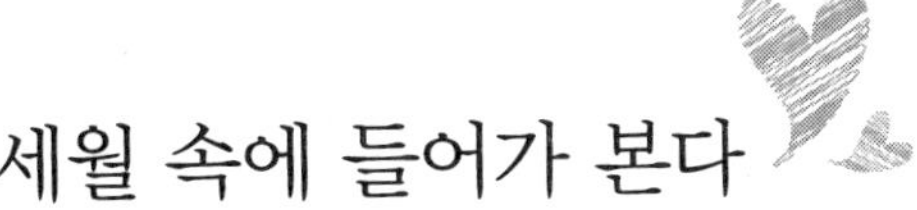

세월 속에 들어가 본다

간호사가 병실을 노크하고 들어온다. 혈압과 당뇨 검사를 하고 체중을 단다. 7일 동안 같은 검사를 반복하지만 차도가 없는지 오늘도 아무 말 없이 그냥 나간다. 신우염이라는 병을 얻어 입원 중이다. 할 일은 태산 같은데 몸은 낫지 않고 시간만 흘러가고 있다. 일하던 사람이 손을 놓고 병실 침대에 며칠 누워 있으니 속에 천불이 난다. 빨리 나아 집에 가고 싶지만 의사 선생님도 간호사도 검사만 할 뿐 말이 없다. 병과 씨름하는 몸도 아프지만 집 걱정에 정신적 병이 더 깊어져 답답한 마음에 창밖에 뜬구름만 바라본다.

사십 년을 요식업에 몸을 담고 고달프게 살아왔다. 긴 세월 뒤도 옆도 돌아보지 않고 억척스럽게 걸어온 기억들이 영화관 스크린처럼 나를 흔들어 깨웠다. 외식 한 번 해보지 않은 젊은 나이에 경험도 없이 음식 장사에 뛰어들었다. 남의 말만 듣고 시작한 장사는 문만 열어 놓으면 손님이 저절로 들어오는 줄 알았다. 하나, 그 기대는 산산조각이 나고 심장이 오그라들기 시작했다.

온종일 목을 내밀고 손님을 기다려도 오지 않았다. 공치는 날도 있었다. "장사가 안되면 공친다." 누군가 하는 말에 실감이 났다. 직접 겪은 체험이 피부에 닿으니 온몸에 힘이 빠졌다. 용기도 없어졌다. 하지만 여기에서 손을 놓으면 안 된다는 생각이 마음을 다독거리며 정신을 바짝 차리게 했다.

나는 할 수 있다는 다짐으로 다시 용기를 냈었다. 사람이 살아가는 삶에 쉬운 것이 어디 있을까만은 제일 어려운 것이 음식 장사라는 것을 느끼면서, 오지 않는 손님을 기다리는 마음은 애간장이 타고 길게 내민 목도 탔다. 가게 앞은 지나는 사람만 봐도 집에 오는 손님인가 싶어 펄떡 일어나 문을 열어본다. 이런 시간이 자꾸자꾸 흘러가니 자금은 소금 녹듯이 녹고 빈 깡통만 굴리고 은행 대출 이자는 눈 쌓이듯 높아졌다.

다시 계획을 바꾸었다. 종업원 수를 줄이고 직접 일선에 뛰었다. 부엌에 들어가 반찬하고 설거지하면서 쉴 시간 없이 영업에 매달렸다. 꼭 성공해야 한다는 신념으로 잠을 줄이고 앞도 뒤도 보지 않고 노예처럼 하루 종일 일에만 매달렸다. 오늘 일을 안 하면 내일은 굶어야 하는 마음으로 혼신을 쏟아 부었다. 늦게까지 문을 열어 놓고 이삭 줍듯이 한 사람 한 사람 담아 단골을 만들었다. 이렇게 뼈를 깎는 아픔을 겪으면서 날이 가고 달이 가니 언제부터인지 단골손님이 차곡차곡 쌓이니 공치는 날을 면하고 사십 년이라는 긴 세월에 닿았다.

내가 걸어온 세월의 고통을 저울에 단다면 천근만근은 될 것이다. 그래도 그 어려움을 딛고 살아온 덕에 소문난 맛집에 노포라는 이름도 달았다. 이제는 손님도 불어났고 시간도 여유가 있어 봉사활동에 참가하게 되었다.

1997년 수영구청 봉사원에 들어가 지금까지 봉사한다. 단체장에 앞장서 여러 이웃을 찾아다니며 봉사를 하고 있다. 2005, 2006년에는 가사봉사원후원회 회장을 맡으면서 전라남도 구례군의 어머니회와 자매결연을 맺기도 했다. 현재는 새마을후원회 회장을 5년째 맡아 어려운 사람에 보탬을 주며 나름대로 봉사의 길을 걷고 있다. 또 시간은 만들기대로 다 쓰인다고 공부하는 시간까지 만들어 꿈에 그리던 전문대학에도 입학하고 졸업했다.

동의과학대학이다. 이 년제 학과지만 나에게는 큰 학문이다. 집에서 장사만 할 때는 가방끈이 짧아도 모르고 살았는데 봉사길에 들어 단체장을 맡으면서 학문이 부족한 것을 깨달았다. 늦었지만 배워야 한다는 신념에 공부를 하게 되었다. 늙은 사람이 무슨 공부를 어찌할까 했는데 시작이 반이라고 졸업장도 쥐었다. 이제는 어디에 참석해도 떳떳하고 어깨에 힘이 생겼다.

이 모든 것도 남편이 밀어주는 믿음이 있었기에 이루어졌다. 장사하면서 봉사하고 또 자기의 지능을 계발한다는 것이 그렇게 쉬운 일이 아니었다. 모든 일에도 그랬지만 옆에서 지켜봐 주는 남편과 아들들이 있었기에 고통스러운 세월의 무게를 떨쳐내고 나를 갱신할 수 있었다. 이 또한 사랑하는 가족의 힘이 기둥이었고 버팀목이었다.

이렇게 바쁜 내가 병실에 누워 있으니 곳곳이 아프기 시작한다. 병이 낫는 것이 아니고 도리어 이곳저곳 쑤시고 관절까지 아파온다. 어제부터인지 퇴행성 관절이 다리를 파고들어와 거미줄을 쳤다. 곳곳에 안 아픈 데가 없다. 사흘이 멀다 하고 정형외과를 찾아 주사를 맞고 치료를 해보았지만 한번 병든 다리는 쉽게 낫지를 않았다. 옛말에 젊어 고생은 돈 주고 사서도 한다는 말이 왜 있는지 이해가 안 된다. 아마 고생하는 사람에게 위로 겸 하는 말이 아닌가 싶다. 고생을 많이 한 사람은 늙어 병만 얻는다는 속담의 말이 맞는 말이었다. 특히 식당을 오래 하면 남는 것은 병뿐이라더니 내가 그 꼴이 되었다.

이제 늙었나 보다. 몸이 아프니 아이가 엄마를 기다리듯이 아들들이 기다려진다. 집에서 기다리는 남편의 식사는 때맞추어 하는지, 식당에 손님은 많은지 오만 가지 근심을 안고 병실에 누워 있자니 속이 탄다.

오늘은 누가 병문안을 올까. 살포시 문 쪽을 바라본다. 남편보다 아들들이 더 그립다. 효자 자식 열보다 남편이 낫다는데 나는 유난히 자식을 그리며 목을 맨다. 내가 고생할 때 오로지 자식을 생각하면서 살아온 추억들이 남아 있기 때문이다. 긴 세월 속에 들어가 보면 자식이 있었기에 그 많은 고생도 참고 살았지 않았나 싶다. 식당 생활 사십여 년 내 어깨에 남겨진 흔적은 자식 빛이 내 걸어가는 길을 밝혀주었기에 오늘 내가 있었다.

지난 세월 아이들을 키울 때 무엇을 먹일까, 무엇을 해줄까, 어떤 반찬을 하면 잘 먹을까 연구하고 걱정할 때가 행복했다. 자식들이 배부르게 먹는 것을 보기만 해도 좋았고 말 안 듣는다고 소리치고 때려도 사랑의 매에 아들들이 받아주어 좋았다. 품에 안고 팔베개를 베어 주고 얼굴을 비비며 잠을 재울 때도 더없이 행복했었다.

그러던 아들들은 성인이 되어 자기 둥우리를 찾아 떠났다. 자식이 올망졸망이라고 병원에 있는 엄마를 아침저녁으로 찾아오는 자식도 있고 전화 한 통화로 안부만 묻고 오지 않는 자식도 있다. 살기 바쁘다는 핑계에 각자 나름대로 형편에 따라 살아간다. 그래도 사랑하는 세 아들들이 있었기에 형틀에 가슴을 눌리는 고통스러운 삶도 무탈하게 걸어서 여기까지 살아온 것이다.

이제는 크게 바랄 것은 없다. 그저 가족이 건강하게 살기를 원한다. 그리고 나도 빨리 나아 집으로 갔으면 좋겠다. 오늘도 퇴원하라는 말이 없으니 깊어가는 밤에 창밖만 바라본다.

늘 그 자리에

사랑은 묘한 감정이다. 하나의 생명체가 되어 지구의 거름망을 뚫고 사람들 사이에 생존하고 있다. 말없이 다가와 불타는 사랑을 하기도 하고 때로는 어둡고 눅눅한 진흙 속을 헤매다가 떠나가기도 한다.

부부싸움은 칼로 물 베기라 했다. 하지만 부모와 자식은 칼이 무슨 필요가 있겠는가. 부모 몸 일부분에서 태어나 살아가는 끈인데 무엇으로 자른다 하여도 잘라낼 수 없는 부모와 자식 관계의 운명이다. 부부는 싸움으로 등을 돌리며 헤어지기도 하지만 자식은 제아무리 싸워도 시간이 흐르면 웃고 돌아온다. 그때의 그날 일들을 옛날이야기 하듯이 서로 네 말과 내 말을 판단하지 않고 없애 버린다. 물보다 피가 진한 숙명으로 묶여져 흘러가고 있는 것이 부모와 자식의 끈이기 때문인가. 천륜으로 엮어진 생물학적인 관계인가. 어쨌든 부모와 자식은 끊을 수 없는 쇠사슬 고리에 묶이어 살고 있다.

큰아들과 큰 소리로 싸운 적이 있었다. 아들 셋과 살아가면서 감정을 갖고 싸우기는 처음이다. 그날 밤은 다시는 보지 않을 것이라고 생각하면서 가슴 아프게 많이 울었다. 죽어도 알리지 않고 아무도 찾을 수 없는 깊은 산속 암자에 우리 부부 사후를 맡기겠다는 생각을 하면서, 절대 자식에게 피해를 주지 않을 것이라고 맹세에 맹세를 거듭했다. 그랬는데 어느 날 아무 일 없듯이 찾아온 아들을 보니 쌓인 눈이 녹아내릴 듯이 미움이 녹아 없어졌다. 긴긴밤에 절대로 보지 않겠다고 다짐하면서 뼈아픈 고통에 슬피 울었던 줄거리는 어디로 갔는지 흔적 없이 사라지고 기쁜 마음에 입가에 미소가 훌쩍 일어났다.

참 뼈 없는 싸움이고 갈라설 수 없는 적이다. 내가 언제 아들과 다시는 만나지 않을 거라고 맹세를 했던가. 자식이 무언지 얼굴이 보이면 서운했던 마음이 풀어져 눈물 흥건한 사랑의 눈으로 바라본다. 이렇게 자식 사랑은 따지지도 못하고 궤도를 이탈하지도 못하여 흠도 멍도 들지 않았다.

요즘은 아들들과 미래를 설계한다. 아이들이 크니 나의 주장은 둥글게 그려졌다가 사라지는 무지개와 같다. 무엇이든 아들들의 의견을 존중하게 되고 눈치 봐지게 된다. 서산 넘어가는 해요, 이빨 없는 호랑이라고 말하는 남편도 세월을 인정하고 고개를 숙인다. 젊을 때는 콩이 팥이라고 강한 주장을 내세우며 어느 누구 의견에 한 치의 동의 없이 쥐락펴락했던 사람이었는데 정말 이빨 없는 호랑이가 되었다. 옛날 같으면 생각도 못 하는 일인데도 아들 말에 수긍을 하고 맞장구를 친다.

나는 아들들과 말다툼을 자주 한다. 아직 살아 있다는 증명을 내세우고 싶은 심정인지 강한 주장에 잘 싸운다. 숨 쉬고 있다는 징표를 꼭 밝혀야 속이 시원한지 네가 옳니 내가 옳니 하다 보면 또 문제가 되어 의견 충돌을 한다. 나의 시대는 지났다고 생각하지만 마음은 아직도 젊었는지 주장을 내세운다. 그러면 시비의 엇박자를 내고 시큰둥한 얼굴색에 입이 툭 튀어나오면서 휭 돌아서 자기네 집으로 간다. 그래봤자 며칠 있으면 또 아무 일 없이 와서 웃을 걸.

자식은 올망졸망이라고 가정을 꾸미고 사는 것도 천태만상이다. 부부끼리 의견 충돌에 싸움을 한다. 그럴 때마다 나한테 화풀이하는 아들도 있고 집에서 볶는지 닦는지 말이 없는 아들도 있다. 큰아들은 아무리 속이 상해도 절대로 말을 하지 않는다. 그것도 엄마인 나는 속이 상한다. 혼자서 끙끙 앓지 말고 털어놓고 이야기를 하면 속이 시원할 것인데 말을 안 하니 무슨 일이 일어나고 있는지 알 수가 없다. 오매불망 자식 걱정은 환갑이 되어도 한다더니 혼자 속 썩는 아들이 더욱 걱정이다. 그러나 둘째는 나하고 사소하게 잘 싸운다. 매일 오고 매일 싸우고 뼈 없는 말다툼을 하고 있다. 속은 내가 상하지만 털어놓고 화풀이하는 아들은 안심이 된다. 내가 알고 내가 짊어지는 것이 훨씬 마음 편하다.

아들 내외 싸움에 시어머니가 끼어들 수도 없고 눈치만 봐 진다. 옛날에는 아들을 낳으면 시부모님께 사랑을 받았고 큰소리도 쳤지만 요즘 시대는 딸 가진 부모가 큰소리치는 역 세월이 되었다. 시금치 같은 '시' 자가 들어가는 음식도 먹지 않을 정도로 시가에 진절머리를 흔들고 헤어지는 여자 상위 시대가 되었다. 얼마 못 살고 헤어지는 부부들이 있으며 결혼 전 동거부터 해보고 결혼한다는 젊은이가 있다 하니 이것 또한 시대의 흐름인가. 옛사람으로는 생각지도 못하고 이해도 되지 않는 일이 주변에서 일어나고 있으며 티브이 드라마도 방영되고 있는 세월이다. 이런 세월에 아들 셋을 낳은 나도 잘났다고 할 필요도 없고 마음을 놓을 수도 없다.

사랑도 인내가 부족하면 미움으로 변한다. 그래서 사랑은 움직이는 감정이고 묘한 생명체라고 하는가. 죽도록 사랑을 하고 죽도록 미워하고 돌아선다. 크게 사랑하고 크게 미워지는 것이 신비한 사랑의 줄기인가. 물이 깊은 연못에는 깊은 사랑이 이루어지고 얕은 물은 믿음이 부족해 쉽게 말라 없어진단 말인가.

부모도 늙으니 아이가 되어 가는가 보다. 옆에서 자주 찾아주는 자식은 더욱 찾아지지만, 가뭄에 비 오듯이 남의 집에 오듯이 그냥 그렇게 지내는 자식은 서운한 마음이 남는지 선뜻 찾아지지 않는다. 감정도 늙어 가듯이 자식 사랑도 세월에 업혀 함께 늙어 가고 있는 것일까. 각자 생활이 바쁘다는 것을 이해하지만 그래도 자주 오지 않는 자식은 서운하다.

그러나 매일 싸움을 한 자식도 내 자식, 가물에 비 오듯이 오는 자식도 내 자식, 누구 하나 빼놓을 수 없는 나의 끈이다. 부부는 싸우고 등을 돌리면 남남이 된다고 하지만 자식은 싸우고 서운해도 늘 그 자리에 그대로 있으니 사랑의 싹을 쥐고 살아간다.

흘러간 바다

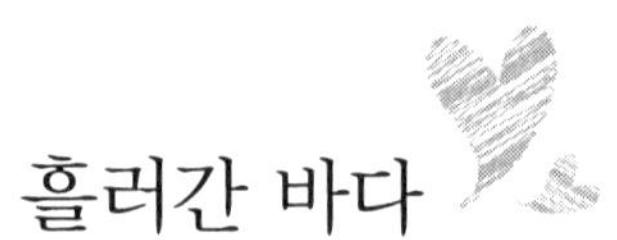

만선의 배가 생멸치를 싣고 물살을 헤친다. 신나게 달려 들어오는 물길에 하얀 물방울 꽃송이가 휘날렸다. "만선이다!"와 함께 환호를 외치며 손을 높이 들어 통신을 전달한다.

배가 부두에 가까워지면 한 사람은 닻을 내리고 또 한 사람은 밧줄을 부두 쪽으로 던진다. 부두에 선 사람은 밧줄을 잡아 돌말뚝에 돌리고 또 돌리며 풀리지 않게 꽁꽁 묶는다. 어부들의 가족은 어깨를 들썩이고 만선의 환희에 헉헉대며 기쁨을 나타내고 있다. 배가 부두에 닿자 콧노래와 함께 멸치 상자는 줄지어 내려진다.

사각 나무상자에 몸을 누인 멸치의 비애는 슬펐다. 몸체가 큰 어종의 새끼는 법적인 규정에 다시 바다로 보내지지만 멸치는 아무 혜택도 없이 작으면 작은 대로 크면 큰 대로 그물에 걸리는 대로 숨을 끊어야 되는 멸치의 운명이다. 상자 속에서 팔딱팔딱 뛰며 바다로 가려고 애를 써 보지만 상자 벽을 넘기에는 태산같이 높았다.

연포막에는 멸치 삶을 물이 팔팔 끓고 있다. 상자에 빽빽하게 누워 있는 멸치는 연포막으로 옮겨 펄펄 끓고 있는 솥에 들어간다. 철로 된 갈고리를 가지고 좌우로 휘젓는다. 푹 삶지 않고 야채 데쳐 내듯이 살짝 데쳐 소쿠리로 건져 낸다. 몸이 서로 붙지 않게 조금씩 건져 낸 멸치는 햇볕 좋고 해풍이 잘 통하는 장소로 옮겨진다. 준비된 덕석 위에 얕게 뿌려 이삼일을 말린다. 햇볕이 강하게 쪼이는 쪽에서 이리 뒤집고 저리 뒤집어 일주일을 더 말리면 꼬들꼬들한 마른 멸치가 되어 시중에 나오게 된다. 이렇게 할아버지는 어장을 개척하여 생멸치를 마른 멸치로 개발하는 일에도 성공을 하셨다.

경남 통영이 할아버지 고향이었다. 나도 뿌리를 본다면 남해에서 태어났지만 원뿌리는 충무가 고향이다. 정몽주 선생님의 삼십 대 후손인 연일 정씨 집안 둘째 아들로 태어나신 할아버지는 지금 살아계시면 백이삼십 살은 되었지 싶다. 일제강점기를 겪으며 나라 없는 서러움을 받으면서 일본인과 싸움도 많이 하셨다. 통영은 사방에 바다를 끼고 있어 어업사업이 활발했다. 많은 일본인이 어장을 개발하였고 그 가운데 할아버지도 작은 어망으로 어장사업을 개척하셨다. 어업장으로 일본인과 사업을 하시면서 경제적 싸움과 조선인의 서러움도 받았다. 그러다가 결국은 손을 놓고 일본인에게 모든 것을 빼앗기고 남해로 내려가셨다는 오촌 당숙의 말씀이었다.

할아버지 삶의 일기는 이러했다. 충무에서 어장사업으로 성공도 하였지만 실패도 했다. 일본인에게 고문과 형벌에 죽을 고비를 넘기고 많은 벌금을 내고 어장까지 통째로 빼앗겼다. 그 후 궁여지책에 도달한 할아버지는 부인과 남매를 배에 태우고 한밤중에 도망가듯이 피신한 곳이 남해의 작은 섬이었다.

남해에 내려온 할아버지는 어장을 개발하고 어판장도 개척하셨다. 각 어촌을 다니면서 그물 손질하는 교육도 시켰다. 동네 경조사는 할아버지 손이 닿아야 했고 서신의 문장에도 할아버지 두뇌를 빌려야 했다. 그러다가 해방이 된 후 할아버지는 고향인 통영에 자주 왔다 갔다 하셨다. 겨울에는 중절모자에 긴 검정 코트를 입고 사각으로 된 검정 가방을 들고 다니셨다. 여름엔 할머니와 어머니가 짠 모시로 하얗게 입으시고 외출하시는 모습을 나는 자주 보았다.

어디를 가셨다 오실 때는 큰 눈깔사탕을 꼭 사 오시곤 하셨다. 우리는 할아버지 외출 시에는 잠을 자지 않고 기다렸다. 할아버지보다 노랗고 빨간색에 물들인 눈깔사탕을 기다린 것이다. 항상 자애로운 할아버지는 언니와 나를 앉혀 놓고 귀신 이야기, 장화홍련 이야기도 해 주셨다. 언니와 내가 싸움을 하거나 언니한테 달려들면 야단 대신 선한 거짓말로 나를 가르치고 하셨다. 웅덩이에서 귀신이 나와 잡아간다는 말씀으로 나를 겁을 주고 선하게 크면 말을 탄 왕자가 온다고 하시곤 하셨는데…. 또 봄이 오면 산에서 진달래를 꺾어와 언니와 나한테 주시고 하시던 분이었다.

내 유년에 사하라태풍이 굉음과 함께 몰아쳤다. 인재도 아닌 자연 재앙의 거센 쓰나미가 강렬하게 밀려와 어촌마을을 갈기갈기 찢어 놓고 쓸어갔다. 태풍은 어촌마을을 통째로 먹어 치우고 모든 어장도 파괴시켰다. 집터에는 기둥뿌리와 지푸라기 하나 남지 않은 텅 빈 터에 큰 돌멩이와 작은 돌멩이 같은 자갈과 모래로 쌓였다. 살아남은 사람들은 괴상망측한 태풍에 넋을 잃은 채 빈 집터만 바라볼 뿐이다.

태풍에 집을 잃은 사람들은 천막 생활을 했다. 그 속에서 할아버지는 몸이 쇠약해지면서 아프시기 시작했다. 그러다가 어느 날 갑자기 운명하셨다. 마지막 가는 날에는 반듯하고 따뜻한 안방 대신 싸늘한 천막에서 어머니 손을 움켜쥐고 어두운 심연 속으로 떠나셨다. 꽃상여도 없이 초라한 목木상여에 몸을 맡긴 채 허옇게 울렁이는 바다와 함께 길을 나섰다. 조문객에는 남해 군수와 함께 할아버지 업적을 고하고 초상을 치렀다. 할아버지 바다는 잔잔한 쪽빛 같은 평온한 바다가 아니고 검은 축축한 폭풍 같은 억센 바다였다. 짠물과 비릿한 냄새로 삶의 향기를 삼으신 할아버지는 억세고 거센 폭풍의 바다를 놓고 꿈과 설계와 모든 삶을 버리고 가셨다.

봄을 알리는 봄비가 내린다. 검은 축축한 바다에도 빗방울이 떨어지니 동글동글한 물방울 접시를 둥글게 만들어낸다. 깊고 넓은 바다는 아직도 겨울 속에 잠들고 있는지 시큼하니 무섭게 보였다. 나는 운명적으로 바다와 인연이 있는지 고향도 타향도 푸른 바다를 끼고 살아가고 있다. 수많은 세월이 흐르고 많은 꿈들이 사라진 이 나이에 왜 뜬금없이 할아버지 생각이 나면서 갑자기 그리워지고 이 글을 쓰게 되었는지 알 수가 없다. 몇십 년 전에 오촌 당숙에게 들었던 할아버지 통영 생활이 이른 봄 새싹이 돋듯이 솟고 있다. 원뿌리로 알고 싶은 심정인지 뿌리의 원천을 알고 싶은 까닭인지 새삼 기억이 구름 속을 헤매면서….

시장의 마른 멸치 냄새에 눈길이 멈추어진다.

어머니의 고무줄 바지

결혼한 지 오십 년이 훌쩍 넘었다. 어느덧 칠십이 넘었고 아들들도 결혼하여 각자 가정을 만들었다. 손자 한 명과 손녀 셋 합하니 식구가 열두 명으로 늘어났다. 이른 봄에 새싹이 돋아 꽃을 피우고 여름에 열매를 맺으며 가을에 알곡이 익듯이 나의 여정도 숱한 계절과 세월을 넘기고 황혼길을 걷고 있다.

일찍 고향과 부모님을 떠나 부산으로 왔다. 기술을 배워야 한다는 어머니 말씀에 미용학원에 입학하여 일 년 수업을 마치고 미용사 길에 들어섰다. 미용 기술을 채 익히기도 전에 직업이 바뀌어졌다. 주부라는 영원한 직장에 취직된 것이다.

시집와서 연탄불에 처음 밥을 했는데 까맣게 탄 숯 밥이었다. 장작불을 피워 가마솥에 밥을 하는 것보다 더 어려운 것이 연탄불이었다. 불 조절이 조금만 늦으면 밥이 타서 검정 밥이 되고, 물 조절이 잘못되면 삼층밥이 된다. 밥을 태우는 선수가 되어 이웃에서 소문이 났다. 밥 타는 냄새가 나면 새댁 집이라고 부엌에 빨리 가보라고 하는 이웃의 충고를 들으면서 초년의 주부 길을 걸었다.

겨울이 다가와 김장김치를 담게 되었다. 김치를 담을 줄 몰라 배추 이십 포기에 소금 닷 되를 넣은 후 이틀을 꼬박 절였다. 소금물에 이틀 담긴 배추는 궤도를 이탈하고 김치 맛 대신 짠 장아찌로 변했다. 축 늘어진 배추에 양념을 심심하게 했지만 장아찌가 된 배추는 다시 돌아오지 않았다. 그때는 고무장갑도 없이 찬물에 시린 손을 불어 가면서 애써 김장을 했지만 짜서 먹을 수가 없어 버리지도 못하고 그냥 단지에 묻어두었다.

해가 바뀌어 봄에 꺼내 보니 일품 묵은지가 되어 있었다. 첫 작품인 김장김치가 실패했나 했는데 도리어 성공한 편이다. 항아리 속에는 먹지 못한 빛바랜 까만 김치가 아니고 분홍빛을 띄운 연한 색이 보기만 해도 침을 우려내는 맛으로 변해 있었다.

검은 축축한 색은 좀 보였으나 쿰쿰한 냄새 없이 시큼달큼한 맛이 항아리 속을 튀어나와 군침을 당겼다. 시집와서 처음 담은 짠 김치에 부끄럼을 안고 겨울을 지냈는데 새해가 바뀌면서 새 맛을 낸 김치에 다시 용기가 생겼다. 친척과 이웃에게 맛있다는 말을 들으니 어깨가 으쓱해졌다.

시집가면 아들부터 낳아야 된다는 친정어머니 말씀대로 아들을 낳았다. 첫아들을 낳았고 그 뒤에 아들 또 아들, 아들 셋을 둔 엄마가 되었다. 내가 아이를 낳을 때마다 촌에 계신 어머니는 입었던 고무줄 바지 그대로 올라와 열흘 동안 산후조리를 해 주셨다. 어머니는 촌에서 하는 일이 많아 딸 집에 왔어도 긴 날과 시간을 보낼 수가 없다. 아버지 대신 농사일을 하면서 장사를 했다. 아버지 몫까지 가정을 이끌어 나가는 가장이었다.

내가 태어난 마을이 화계리 마을이고 그 옆 동네가 신전리 마을이었다. 어머니의 친정은 교육자 집안이다. 외할아버지는 서당 훈장 선생님이셨다. 우리 집은 화계에서 어장을 크게 하는 어장 집이었다. 지금으로 본다면 교육자 집안과 사업하는 집안이 사돈이 된 것이다.

서당 훈장님의 셋째 딸로 태어난 어머니는 큰 어려움 없이 자란 분이었다. 그러다가 장남에게 시집와 시누이 둘을 시집보내고 시동생도 보내고 집안의 큰일과 작은 일을 하며 맏며느리의 책임으로 온갖 일에 최선을 다한 분이었다. 명절 때나 할아버지 할머니 생신 때는 새 한복을 깨끗이 입으시고 큰 상을 차려 할아버지 할머니 앞에 놓고 큰절을 올리시곤 하셨다. 우리는 할아버지와 할머니께서 수저를 들어야 밥을 먹을 수 있는 교육을 받으면서 자랐다.

그러다가 사하라태풍 때 할아버지를 잃고 가세가 기울기 시작했다. 아버지는 세월을 술로 보내고 어머니는 한 집안의 가장이 되셨다. 아버지는 부잣집 맏아들로서 일을 해보지 않아 일할 줄을 몰랐으며 일을 하려고 하지도 않았다. 동네에서도 먹고 노는 사또라는 별명도 달았다. 아버지는 술 먹을 돈이 없으면 내년에 심어야 하는 마늘씨 종자를 어머니 몰래 술과 바꾸어 먹는다. 어머니는 흔하디흔한 장터국밥 한 그릇도 돈이 아까워 사 먹지 못하고 굶주린 배를 안고 생선 바구니를 이고 장터를 찾아다니면서 장사를 하셨다.

사립문에 들어선 순간 아버지 얼굴 표정만 보아도 마늘씨 종자가 누구의 손에 잡힌 줄 아신다. 허기진 배를 안고 힘없이 생선 소쿠리를 마루 끝에 내던지고 마늘씨가 매달려 있는 곳간으로 달려간다. 무어라고 말할 힘도 없다. 남들처럼 욕할 줄도 모른다. 그냥 어이없이 쳐다보고 고무줄 바지를 잡고 주막으로 단걸음에 뛰다시피 달려간다.

어머니의 바지는 늘 줄줄 내려갔다. 아낀다고 먹지 않아 배가 등에 붙어 뱃집이 없다. 급하게 걸을 때는 양손으로 고무줄 바지를 잡고 걸어야 했다. 주막집에서도 어머니가 찾아올 것을 알고 맡아 두었다가 돈을 받고 돌려준다. 여자의 몸으로 밤낮을 가리지 않고 고생하며 살아가는 어머니를 아버지는 아는지 모르는지 그냥 그렇게 술에 의지하며 한평생 사셨다. 그래도 어머니는 원망 같은 것을 하지 않고 본인의 운명으로 돌리고 팔자타령만 하셨다.

그동안 내 살기가 바빠 어머니의 사랑을 까맣게 잊고 살았는데 날씨가 추워 오니 그립고 보고 싶다. 많은 세월이 흐르고 나도 자식을 낳아 키우고 어머니처럼 할머니가 되었는데 이렇게 그리워지는 것이 천륜인가 보다. 어머니가 나에게 해주신 사랑은 천만분의 일도 나는 갚지 못했는데 떠나고 없으니 영원한 빚쟁이로 살아가고 있다. 언제 그 빚을 갚을지 무한 숫자를 접어보지만 이승에서는 만나지 못하니 갚을 수 없고 또 다른 인연으로 어머니와 만난다면 그때는 어머니의 사랑 빚을 모두 다 갚으리라 다짐한다.

가을 낙엽이 일렁이니 내 걸어온 삶도 일렁거린다. 인생 돛단배를 타고 목적지가 어디에 있는지 모른 채 오늘도 내일도 비바람 세월을 걸으며 어머니 가신 길을 나도 걸어가고 있다.

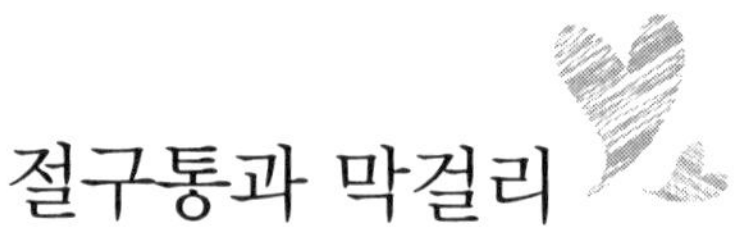

절구통과 막걸리

어느 말괄량이 소녀 이야기다. 정월대보름날 아홉 집을 다니면서 밥을 얻어먹으면 일 년 내내 좋은 운이 온다는 어른의 말을 듣고, 소녀는 누렁 호박 바가지를 들고 아홉 집을 다니면서 보름밥을 얻어왔다.

무슨 이유인지 모르지만 얻어온 밥을 들고 마당에 있는 절구통 안에서 먹는다. 친구 한 명이 찾아와 숟가락을 들고 절구통 안으로 들어온다. 두 소녀는 계속 웃으며 바가지에 담은 보름 밥을 다 먹은 후 눈빛으로 신호를 주고받더니 절구통을 나와 정지

[부엌]로 살며시 숨어들었다.

어른들이 마시고 남은 막걸리를 찾는다. 술 항아리를 찾아 밥 그릇으로 한 그릇씩 마시고 또 마신다. 한껏 마시고 도둑고양이처럼 정지를 몰래 빠져나와 친구 집으로 간다. 친구 엄마는 "너거 왜 얼굴이 빨갛노?" 하면서 냄새를 킁킁 맡으신다. "이 가시나들이 또 술을 퍼마신 것 아이가." 하시면서 싸리 빗자루를 찾는다. 그사이 두 소녀는 방으로 뛰어 들어갔다. 아무도 들어오지 못하게 숟가락으로 문고리를 걸어 잠근다. 술에 물들인 빨간 얼굴을 서로 보고 웃고 또 보고 웃고 하다가 해가 중천을 지날 때까지 잤다.

정월 대보름에 대하여 글을 쓰겠다고 생각하니 까맣게 잊고 있었던 옛 추억이 떠올랐다. 절구통에서 보름 밥을 먹었던 기억과 어른 몰래 주방에서 막걸리를 마시던 추억이 문득 떠오르고 그때 같이했던 친구가 어디에 살고 있는지 보고 싶다.

할머니는 막걸리를 좋아하셨다. 술 심부름은 내 몫이었다. 술을 파는 도가는 학교 가는 길목에 있었다. 걸어서 가면 오 분 정도의 거리다. 한 되짜리 주전자보다 더 큰 주전자를 가지고 간다. 술 한 되 사면서 조금 더 달라고 떼를 쓴다. 그러면 도가 주인은 반 사발 더 준다. 나는 술이 담긴 주전자를 들고 오면서 무겁다고 한 모금 두 모금 쭉쭉 빨아 마시면서 집에 온다. 막걸리는 주전자에 반밖에 남지 않는다. 술이 반밖에 남지 않아도 할머니는 꾸짖지 않으셨다. 오면서 내가 먹었다는 것을 아시기 때문이다. 여름철엔 할머니와 나는 막걸리에 밥을 종종 말아 먹었다. 뜨겁고 뽀얀 곰국 국물이 아니고 달달하고 시원한 특이한 맛이었다. 신기한 것은 그렇게 먹어도 취하지 않았다는 것이다.

식구들이 귀밝이술 한잔하자고 막걸리와 나물, 명태조림을 가지고 왔다. 고향에서 철없이 먹던 술은 어른이 된 후 마시지 않았다. 내가 술을 먹으면 무진장 많이 먹을 것 같아 조심하며 자제하였더니 체질이 변했는지 술이 싫어졌다. 어쩌다가 술을 먹어야 될 자리는 한두 잔이 내 주량이 되었다. 세월 따라 체형이 변하듯이 체질도 변했나 보다.

해마다 정월대보름날은 광안리 모래사장에서 짚불 태우는 행사를 한다. 짚불을 산더미처럼 높이 쌓아 새끼줄로 꽁꽁 묶는다. 묶인 새끼줄에는 가족 건강과 행운을 적은 종이들이 빽빽하게 달려 바람에 펄럭이고 있다. 어떤 이는 묵은 액운을 없애기 위해 지난해 입었던 속옷을 새끼줄에 매달아 보름 짚불과 함께 태운다. 나쁜 액운을 불에 태우면 없어지고 좋은 운이 온다는 옛 풍습이었다.

올해도 유난히 밝은 보름달 아래 짚불이 강력하게 타올랐다. 붉은 불꽃이 거센 바람을 타고 함성과 함께 허공을 솟구쳐 오르자 사방에 모여든 사람들의 환호가 폭탄마냥 터졌다. 활활 타오른 짚불은 광안리 백사장을 대낮같이 밝히니 국악팀은 꽹과리를 치며 지신밟기를 하고 또 다른 팀은 손과 손을 잡고 강강술래로 정월대보름 밤을 익혀 준다.

선착장과 모래사장에는 여인들이 용왕제를 지낸다. 소주병이나 쌀을 가득 담은 그릇에 하얀 초를 세워놓고 촛불을 밝힌다. 마른 명태 한 마리와 과일을 촛불 앞에 두고 손바닥이 닳도록 빌면서 절을 한다. 거센 겨울 해풍이 불어도 아랑곳없이 가족의 무탈함에 소원을 빌고 비는 여인들의 애절한 기도이다. 사찰에서도 그랬듯이 바닷가에도 대보름날 이뤄지는 용왕제를 지내는 풍습이다. 광안리 앞 바다에서도 용왕제를 지내고 있는지 촛불들이 군데군데 밝혀져 있다.

달그림자로 점을 보기도 한다. 하얀 띠가 많으면 그해 비가 적게 내리고 반대로 검은 띠가 크게 보이면 비가 많이 내린다는 속설이 있다. 달이 희게 보이는 해는 짚을 쌓아 불을 피우고, 논두렁 잡풀을 태워 검은 연기를 하늘에 올려보내는 기우제를 지내기도 한다. 대보름날 짚불을 태우고 소원을 비는 유래가 비를 바라는 농부들의 간절한 소망에서 비롯된 것이라고 전해졌다.

보름날은 오곡밥과 다섯 가지 나물을 먹는다. 오곡 곡식으로 밥을 지어 먹으면 일 년 내내 액운을 쫓는다는 전설이 있다. 막걸리는 귀밝이술로 먹고 호두는 부스럼을 없애고, 더위팔기, 지신밟기, 줄다리기, 연날리기, 탈춤…. 이 모든 것은 보름날 하는 놀이이다. 또 아주까리 잎으로 밥을 싸 먹으면 그해 꿩알을 줍는 것과 같은 복을 얻는다는 이야기도 있다. 꿩은 한꺼번에 새끼를 수십 마리 부화하니 그만큼 소득이 많다는 것이다. 이렇게 보름의 행사는 농촌이나 도시나 오곡밥과 나물과 막걸리에 더위를 달래는 풍습이 조상의 흐름으로 내려와 후세까지 자리 잡았다.

나 또한 어릴 때 지낸 풍습이 할머니가 된 지금도 변하지 않고 대보름을 맞이하고 있다. 아홉 집을 다니면서 얻어온 보름 밥을 절구통 안에서 먹던 일과 철없이 들이키던 막걸리를 친구와 같이했던 기억이 새록새록 싹을 틔우듯이 돋아나고 있다. 친구도 나처럼 할머니가 되어 어디에서 보름 밥을 먹으며 막걸리도 한잔하면서 내 이야기를 하고 있을까.

식구들과 막걸리 한잔에 보름나물과 명태조림을 앞에 두고 각자 고향 향수를 그리며 지난 이야기꽃을 피운다.

말[言]

말[言]은 인간 소통의 기초이다. 말과 더불어 사람들은 생존경쟁 속에서 진실과 거짓을 논하며 살고 있다. 주고받는 말에는 보이지 않는 날개가 달려 끝없이 높이 오르기도 하고 아주 낮은 곳을 파고들어 비밀스러운 계획도 한몫한다.

인간은 고운 말 쓰는 능력을 배우고 닦아야 한다. 말만 잘하면 천 냥 빚을 갚는다는 옛말이 있듯이 말은 진실을 담아야 한다. 객관적인 말은 구김 없이 의미 있게 맞추어야 하며, 개인적 대화는 엮인 실타래를 풀듯이 부드럽고 순하게 나누어야 한다. 진솔

한 대화는 상대의 마음의 문을 열어 기쁨을 언어 내기도 하고 목마른 자의 물줄기를 찾아주기도 한다.

인간은 눈빛만 보아도 언어소통이 된다. 눈에 불을 밝히고 어깨에 힘을 주고 마음과 마음이 부딪치며 말로서 쟁탈전을 벌인다. 많은 말들이 마음에서 샘솟듯이 흘러 나와 진실을 밝히기도 하며 씻을 수 없는 거짓말을 하여 사회를 어지럽게도 한다. 때로는 권력이라는 힘을 빌려 쏘아 나오는 말이 사람을 죽이기도 하고 살리기도 하며 또는 작은 일까지도 말의 힘으로 다스려진다. 세계를 돌면서 끝없이 인간을 지배하는 것도 언어이며 산더미같이 높이기도 하고 낮추기도 하는 것이 말의 가치이고 의미이다.

하지만 말 없이는 생활할 수 없는 것이 인간 사회이다. 사랑하는 사람들은 눈빛만 보아도 마음을 알 수 있다고들 하면서도 진실에는 말을 요구한다. 구성지고 재치 있게 말하는 사람이 있다. 반면 머리에는 생각이 가득해도 입에서 말이 잘 나오지 않아 머뭇거리는 자도 있다. 그런 사람은 말주변이 없는 사람이며 대부분 내성적이다. 그러니 오직 대화로 믿음을 밝힐 수밖에 없는 것이다.

인간은 자연과 더불어 사회 환경과 관계를 맺고 있다. 고통과 절망 속에서도 말의 소통으로 치유하고 자신을 승화시키며 삶을 수행한다. 뉴스와 드라마 속에서도 말이 있어 내용을 전달하고 귀를 열어 감탄과 웃음을 보내기도 한다. 또한 안방 교육장도 말로서 강의를 전할 수 있으며, 세계여행을 할 때도 가이드 설명이 있어 그 나라의 문화를 알 수 있다.

예의나 교양이 없으면 버릇없는 말을 하게 된다. 생각 없이 말을 하다 보면 칼날 같은 말에 마음을 베여 상처를 입고 병을 얻기도 하여 평생 원수가 된 경우도 있다. 우리 가게에도 하루를 그냥 넘어가는 날이 없다. 각 지방에서 모여든 사람들이다 보니 개성이 강하여 주고받는 말에 조용한 날이 없다. 언어는 창고에서 입의 통로를 따라 혀를 빌려 형태 없는 총과 칼을 들고 타인의 심장에 말의 비수를 꽂기도 하고 삿대질에 손가락이 하늘을 향하면서 마음을 찌르기도 한다. 깨달음이 부족한 인간의 성난 말들은 과거를 드러내고 미래까지 저주한다. 그러다가도 휴전하듯이 조용해진다. 쓸고 간 가슴을 감싸 안으며 용서를 빌고 치료를 하지만, 한번 쏟아진 물은 다시 항아리에 담지 못하듯이 상처 낸 말은 마음 깊숙이 뿌리를 내리고 만다.

인간이기에 참는 비법이 부족하다. 욱하는 마음에 화가 나겠지만 조금만 양보하고 기다리면 아픈 상처를 휘젓지는 않을 터인데…. 어쩔 수 없는 인간의 좁은 소견이라는 것을 느낀다. 아무리 세상이 변하여 각자 개성대로 산다고들 하지만 남의 마음도 배려해주는 아량을 키워야 한다. 말을 함부로 하고 안하고는 누구의 잘못도 아닌 본인 인성이 부족한 탓이다. 할 말을 다 하면서 사는 것은 아니니 아무리 하고 싶은 말이 있어도 상대를 생각하고 말을 하는 기본은 닦아야 한다.

말에 휘둘리면 줏대 없이 살아가게 된다. 누가 다이어트에 대하여 입소문을 내면 너도나도 약을 사 먹는다고 요란스럽다. 어느 병원에서 성형을 잘한다는 말이 입에서 입으로 돌아 유행을 시키면 지각없는 사람들은 병원에 줄을 서서 부모가 물려준 몸을 마음대로 변형시키며 외모지상주의에 도취된다. 정치인들이 선거할 때 하는 말은 누구나 똑같다. 이룰 수 있는 일이든 이루지 못하는 일이든 먼저 공약부터 한다. 일단 머리를 들고 말부터 하지만 선거가 끝난 뒤에는 언제 그런 말을 했나 하고 말꼬리조차 보이지 않게 숨겨버린다. 인간이 갖추어야 할 기본의 인성마저도 저버린다.

떡 한 되를 열 집 돌리면 한 조각도 남지 않게 된다. 하지만 말은 열 집을 돌면 있는 말 없는 말로 산더미를 쌓는다는 속담도 있다. 정말 말 많은 세상이다. 이 말 저 말 사람이 살고 있는 곳에 말이 있어야 되지만 필요치 않은 말도 많다. 이렇게 말은 씨를 낳아 인간과 동반자가 되어 살아가고 있다.

세종대왕이 우리글을 만들어 우리는 우리말을 할 수 있다. 글이 없어 남의 글과 남을 말을 하는 나라들이 많은데 다행히 우리는 우리글과 우리말이 있어 행운의 나라이다. 이런 좋은 나라에서 태어나 살고 있는 것도 큰 복에 속하니 성숙한 표현의 말씨로 지성인이 되었으면 한다.

아내의 세월

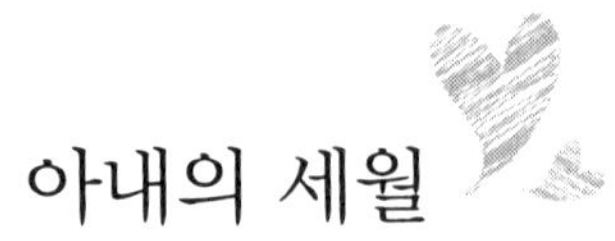

폭염이 기승을 부린다. 안팎으로 오르는 찜통더위가 온몸을 파고든다. 땅에서 뿜어내는 뜨거운 열기가 숨을 막으니 땀이 빗물같이 흘렀다. 올여름은 유난히 햇볕이 강하게 아스팔트를 태우고 있다.

더위를 피해 아홉 시 미사에 갔다. 미사를 보고 나오는데 레지오반에서 성경 공부를 같이하던 형님을 오랜만에 만났다. 나이가 나보다 몇 살 많아 편하게 형님이라 부른다. 형님은 "잘 있었나?" 하면서 내 손을 잡고 반갑게 안부를 물었다. 나도 인사는 했지만 뜻밖이었다. 좀처럼 말을 잘 하지 않았으며 웃지도 않는 사람인데 미소를 담고 먼저 안부를 묻는 얼굴이 좋아 보였다.

성당에서 알게 된 사이다. 우리는 지난 오 년 가까이 수요일마다 일주일에 한 번씩 열 명이 모인 자모반에서 성경 공부를 했다. 형님은 표정이 항상 굳어 있어 쳐다보는 것조차 부담이 갔다. 언제나 무표정한 얼굴에 근심을 안고 사는 사람 같았으며 웃는 모습은 그다지 보지 못했다. 그래도 왜 그런가를 묻지 않았다. 단지 성격이 좀 별난 사람이라고만 생각했다. 그러다가 나는 바쁘기도 하고 다리도 아파 레지오 공부를 그만두게 되었다. 그런데 오늘 만나니 얼굴이 전과 같지 않고 좀 밝아 보였다.

일주일에 한 번씩 만났으니 정이 들었나 보다. 그동안 잊고 살았는데 내 손을 잡고 "잘 있었나?" 하는 말이 따뜻했다. 나도 반갑다고 인사를 나누고 뒤돌아섰다. 오늘 웃는 모습을 보니 무슨 변화가 있나 궁금했다. 이웃 동네에 살아도 잘 만나지 않았으니 그동안 어떤 일이 일어났는지 어떻게 살았는지 몰랐다.

궁금했던 이유를 곧 알게 되었다. 남편이 십 년 동안 병상에 누워 있다가 얼마 전에 돌아가셨다고 한다. 무슨 병인지 모르지만 일 년이 아니고 십 년을 간호했다니 보통 형님이 아니었다. 병간호에 시달려 고통스레 살아온 세월이 얼굴에 굳어 있었는데 나는 그것도 모르고 그동안 인사를 해도 모르는 사람 보듯 한다고 속으로 서운해했던 것이 미안했다. 긴 시간에 겪은 인내의 자국이었는데…. 남편이 꼼짝 못 하고 누워 있었으니 오죽했을까.

더 살지 못하고 떠난 남편을 생각하면 슬픈 일이다. 하지만 형님도 고생을 많이 했다. 아픈 사람은 가만히 누워나 있지만 시중드는 사람의 고통은 무어라고 말을 할 수 없다. 옛날 사람이니까 고통을 참으며 아내의 짐과 어머니의 짐을 어깨에 메고 살았지만 요즘 젊은 여인이라면 꿈도 꾸지 못 할 일이다. 십 년 간병은 아무나 하는 것이 아닌데 그 많은 의무와 책임을 무엇으로 견디었나 싶다. 자식이 있다 한들 일가친지가 있다 한들 고통을 나눌 수는 없는 일이다. 그래도 형님은 믿음이 있었고 그 믿음 밑에 인내가 있었다.

효자 자식보다 악처가 낫다는 말이 있다. 자식이 제아무리 많아도 긴 세월을 참고 간호할 수 없다. 아내이니까 남편을 위하여 간호했을 것이다. 본인의 고통은 자식인들 알까. 지인인들 알까. 본인만이 알 수 있는 역사를 그 어느 누가 알까. 같은 여자로서 진정으로 고개가 숙어지고 아내의 인내에 존경의 찬사를 보낸다.

모든 사람은 태어나면 죽게 마련이다. 죽음 앞에는 의사 백 명도 소용없다. 병에는 무촌도 일촌도 필요 없다. 아픈 사람을 위해 아파줄 수도 없고 대신 죽어줄 수도 없다. 식물은 한해를 넘기고 옷을 벗은 채 죽은 듯이 있다가도 다시 살아나지만 인간은 한 번 가면 다시 돌아올 수 없으니 모두가 살리려고 애를 쓴다. 하지만 아무리 애를 써도 때가 되면 떠나야 하는 것이 인간의 운명이다.

이십 년 전 친정어머니가 위암으로 병원에 입원했을 때다. 나는 장사를 하면서 영업이 끝나면 어머니를 간병하러 대신동 동아대병원을 가곤 했다. 그렇게 석 달을 하다 보니 내 몸에 피곤이 쌓였다. 간병에 지친 것이다. 아파 누워 있는 엄마한테 빨리 집에 가면 좋겠다고 짜증을 내기도 했다. 그리고 얼마 후 엄마는 고향 집으로 퇴원을 하고 몇 달 있다가 세상을 떴다. 지금 생각하면 나를 낳아준 엄마에게 내 몸이 피곤하다고 화풀이한 것이 너무 죄스럽지만 이미 떠나간 일이며 후회가 된들 무슨 소용이 있겠는가. 그저 천만분의 일도 제대로 보살피지 못한 것이 십 년 간병한 형님과 비교가 되어 무척 부끄럽다.

자식이 죽으면 가슴에 묻는다고 했다. 그렇지만 부모나 남편이 죽으면 등 뒤에 묻으니 죽고 나면 잊게 된다. 나도 엄마를 등 뒤에 묻었는지 그리움을 잊고 웃으면서 살고 있으니 말이다. 등에 멘 짐이 보이지 않으니 마음이 멀어져 그리움도 잊고 사랑도 잊은 채 살아가는 것이 인간이다. 그날 내 손을 잡고 웃는 형님의 밝은 얼굴도 남편을 등 뒤에 묻었기에 잊고 살 수 있다. 그동안의 괴로움은 잊어버리고 남은 인생을 건강한 몸으로 즐겁게 살기를 주님께 빌어본다.

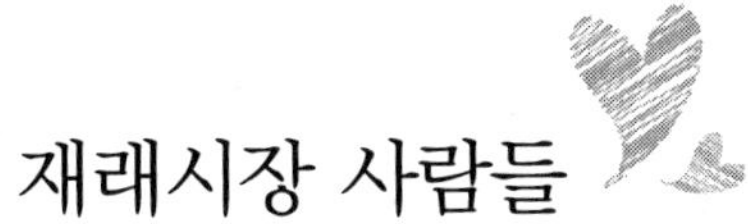

재래시장 사람들

올여름은 유난히 덥다. 예전에 없었던 찜통더위가 사상 처음으로 아스팔트를 달구고 있다. TV에서 불같은 더운 날씨가 계속 쪼이고 있으니 어른과 아이들은 바깥 외출을 되도록 삼가하라는 방송에서 보도를 연신 하고 있다.

우리 동네 재래시장은 건축 일자가 오십여 년이 넘었다. 시장은 낡고 늙어 곧 무너질 것 같다. 장사하는 상인들은 대부분 할아버지와 할머니들이다. 젊은 나이에 시작한 삶의 터전 연결고리가 오늘까지 내려와 토박이 상인에 백발노인들이 되었다. 하나씩 차지한 시장 점포도 노인들과 같이 세월을 넘다 보니 벽은 퇴색되어 시멘트가 드러나 있고, 바닥의 때는 세제로 닦고 씻어도 세월의 묻은 흔적을 지울 수 없이 누더기가 되었다.

햇살은 작은 재래시장 상인들과 물건까지도 태우고 또 태운다. 조개집에서부터 채소가게, 쌀집, 정육점, 참기름집, 하나같이 긴 여름을 땀과 씨름한다. 이들은 사십 년을 넘게 그렇게 살았듯이 올해도 더위를 잊은 채 자기 업종에 최선을 다하며 살고 있다.

조개집 할머니는 더위도 잊은 채 땀을 흘리며 조개를 깐다. 땀방울이 빗방울이 되어 온몸을 적신다. 녹슨 선풍기 하나를 앞에 틀어 놓았지만 바람이 신통치가 않은지 땀이 옷에 젖어 몸에 붙었다. 이마에서 흘러내리는 땀은 눈물처럼 흘러도 눈동자는 조개만 바라본다. 부처님처럼 앉아서 끊임없이 긴 세월을 조개만 까고 있다.

손에 든 칼은 조개 문을 열고 들어가 사정없이 속살을 파낸다. 삶의 뿌리를 뽑을 때까지 조개 몸을 뽑을 작정인지 손에 칼을 놓을 줄 모른다. 캄캄한 밤이 되어야 칼을 놓고 허리를 편다. 몸이 아파 병원에서 달아준 의료 줄을 배에 매고도 수년 동안 조개를 까고 있었는데 요즘은 몸이 좋은지 의료 줄은 달지 않았다. 다행히 몸이 좋아졌나 보다.

옆에 앉은 생선 할머니도 땀과 씨름을 한다. 얼마 전에 할아버지가 세상을 떠났다. 생존경쟁이 무엇인지 외로운 기러기가 되어도 생선을 팔겠다고 칼을 들고 시장에 나섰다. 저승에 간 할아버지 몫까지 할 것인지 쉬는 날이 없다. 손을 높이 들고 단칼에 생선을 내리친다. 토막 난 생선에 소금을 치고 얼음을 넣어 검정 비닐에 싸서 "또 오세요." 하며 팔고 있다. 억척스럽다.

그 아래 채소 집도 마찬가지다. 땡볕을 보고 있는 채소는 시들어 곧 쓰레기 속으로 들어가야 될 판이다. 주인은 이마에서 흘러내리는 땀을 닦으며 시들어가는 채소를 바라본다. 원가를 생각하는지 영 기운이 없어 보인다. 오늘 다 팔지 못하면 버려야 하는 채소를 멍하니 바라보는 눈길 밑으로 땀인지 눈물인지 흘러내리고 있다. 그런 와중에도 땡볕은 남의 사정도 모르고 계속 열기를 쏟아 채소를 태우고 또 태운다.

쌀, 팥, 좁쌀을 진열해 놓고 파는 할아버지 상점이다. 팔십 넘은 어른이시다. 선풍기가 옆에 있는데도 틀지를 않고 애매한 부채질만 한다. 부채 바람이 더위에 시원하면 얼마나 시원할 거라고 팔을 흔들며 부채에 의존하고 있다. 전기요금이 걱정되어 선풍기를 켜지 않는 것 같다.

또 그 아래 점포는 문을 열었다가 닫았다가 한다. 편한 상인이다. 장사가 안되어 문을 닫는지 요즘은 계속 불규칙이다. 이것도 팔다가 저것도 팔다가 질서 없이 짬뽕 물건을 팔다 보니 별 재미가 없는지 사업체를 자주 접는다. 이렇게 재래시장 사람들은 어려운 환경에서 하루하루를 보내고 있다. 지난날에 폭포같이 쏟아지는 손님들이 어디로 갔는지…. 처마 끝에 낙숫물 같은 손님을 온종일 기다리고 한숨을 쉬면서 하루하루를 넘긴다.

더위는 한 철만 참으면 넘어간다. 하지만 불황의 경기는 장사하는 사람들에게 뼈 아픈 삶의 고문이다. 원가는 소금 녹듯이 녹고 남는 것 없이 빈 주머니를 만지며 내일 걱정을 앞서게 된다. 이것이 온종일 소비자를 기다리는 장사꾼의 애타는 마음의 고난이다.

그래도 상점 주인들은 형제들처럼 살고 있다. 서로가 밀고 당기면서 더우면 더운 대로 추우면 추운 대로 주어진 현실을 수용하면서 모진 삶에 의지한다. 재래시장 사람들의 겨울 난방은 긴 의자에 일인용 전기장판 하나가 전부이고, 여름엔 녹슨 선풍기 바람이 최고의 냉방시설이다.

그런 생활의 고난이 어깨에 앉아도 운명으로 돌리면서 불편 없이 이웃과 더불어 어깨를 나란히 하고 짓누르는 생을 받아들이며 평생을 동행하며 살아가고 있다.

곳곳에 대형 마트가 들어섰다. 어느 곳이나 장사가 될 만한 곳은 대기업들이 쌀벌레 좀처럼 파고든다. 이곳에도 백화점과 마트가 바로 옆 동네를 끼고 들어섰다. 그로 인해 재래시장은 소비자들에게 외면당하고도 불황을 맞으면서 오지 않은 소비자들을 그리워하며 애타게 기다리게 되었다.

어디에서 팔든 상품은 똑같다. 같은 밭에서 재배하여 도매인에게 넘겨진다. 재래시장이나 백화점이나 같은 원천에서 보급되고 있다. 단지 어느 매장으로 입점하나에 따라 상품의 가치가 바뀌어진다. 같은 물건도 환경이 좋은 백화점 매장에 입점하면 비싼 가격을 받을 수 있다. 하지만 재래시장은 싸게 팔아도 소비자는 외면하고 시설이 깨끗하고 환경이 우수한 백화점을 찾아간다. 그러니 서민들이 설 자리는 점점 멀어지고 없어지고 고난을 겪는다.

오늘도 손해를 보고 하루를 접는다. 물건들은 재고에 재고가 쌓이고 생물들은 시들고 뭉개져 쓰레기통에 버리게 된다. 그나마 찾아주는 이웃의 도움이지만 그것도 한계가 있다. 그런 속에서도 그들은 등이 굽어져도 운명의 끈을 놓지 못한다. 앞날의 어떤 계획도 없이 어디가 끝인 줄 모른 채 시장의 삶이 전부인 양

살아간다. 돌아올 줄 모르는 경기를 기다리면서 오늘도 땡볕에 서 있는 우직한 재래시장 사람들이다.

내 몸에도 봄이 왔다

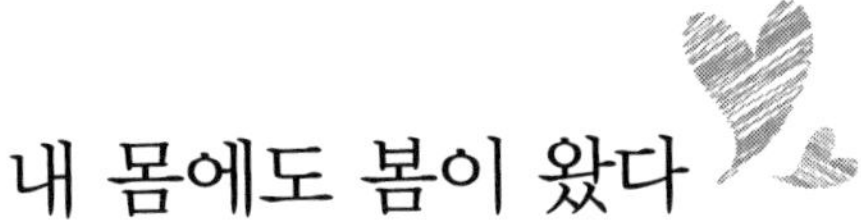

꽃봉오리들이 봄을 보고 모두 튀어나온다. 세월이 겨울을 밀어주고 봄을 당겨주니 연두색 옷들에 순한 미소를 담고 곳곳에 고개를 내밀었다.

겨울 내내 몸이 많이 아팠다. 황소 같은 바람이 휘몰아치는 날이면 더욱 극성을 부려 허리와 다리가 심한 고통을 겪었다. 허리는 펴지를 못하고 노 할머니 형체에 다리는 전쟁터에서 총알을 맞아 국가의 보조금은 매달 받는 장애인처럼 절룩이며 걸었다. 일 년 중 뼈아프게 추운 날은 며칠밖에 안 되었는데 일 년 열두 달 모진 매를 맞은 것같이 아픔에 시달렸다. 송곳으로 관절 곳곳을 쑤시는 고통이었다. 그랬던 몸이 계절풍인지 봄을 보니 언제 아팠나 하고 좋아졌다.

따뜻한 공기에 기분이 좋은지 발걸음이 가볍다. 이상하게도 내 몸은 요술쟁이처럼 좋아졌다 나빠졌다 한다. 추운 겨울에는 한 발짝 걷기가 힘들어 많이 절룩이며 걸었다. 그럴 때는 남 보기에 창피해 사람이 많이 다니는 큰길을 피해 뒷골목으로 다니곤 했는데…. 따뜻한 봄기운을 맞으니 쑤시던 다리가 훨씬 걷기에 편해졌다. 병마도 신춘을 맞아 봄나들이 갔는지 쑤시던 다리와 허리가 잠자듯이 조용하다.

나이가 차츰 많아지니 조금만 아파도 우울하고 기분이 묘하다. 다른 곳이 아플 때는 몰랐는데 다리가 아프니 정신까지 망가진다. 아마 집을 받쳐주는 양 기둥에 힘이 없어 무너질까 염려스러워 그런지 기분이 시원찮고 속상하다. 기둥에 흠이 생기고 벌레가 파고 들어가면 곧 넘어지고 쓰러지는 것이 기정사실이다. 그 이치를 아니 어찌 슬프지 않을까. 가장 슬프고 눈물이 난다. 마음이 우울해지고 지난날들이 생각나면서 살아온 삶이 허무를 느끼며 괴롭기도 하다.

나의 병마는 중증 환자가 되기도 하고 경증 환자가 되기도 하면서 수시로 변덕을 부리고 있다. 허리가 아플 때는 장작처럼 굳은 몸으로 서 있어야 할 때도 있고 할미꽃같이 펴지 못할 때도 있다. 그럴 때는 자꾸만 눕고 싶고 자고 싶고 삶의 의욕은 점점 떨어져 나가고 모든 것이 싫어진다.

제일 고통스러운 날은 종일 일을 하는 날이다. 병마가 뼈마디 마디뿐만 아니라 뼛골까지 숨어 곳곳에 진을 치고 있다. 어떤 때는 팔이 떨어져 나갈 것 같고 다리가 굳어 제자리에서 움직이지 못할 때도 있다. 그 고통을 참으며 일을 해야 할 내 몸에게 미안하여 병원을 부지런히 다녔다.

내가 다니는 병원은 정형외과다. 지난겨울은 이틀이 멀다 하고 다리를 절뚝이면서 병원을 갔다. 병원에 가면 세상 사람이 다 아파 보였다. 늙은 사람은 나처럼 허리를 펴지 못한 채 다리를 절룩이고 병원 문을 열고 들어온다. 젊은 사람은 깁스를 하고 목발을 짚고 병원을 들락거린다. 육체 고장 집합 장소이다. 몇 시간을 앉았다 섰다 하면서 치료를 받곤 했다.

무쇠로 만든 기계도 수십 년이 지나면 녹슬고 고장이 난다. 사람 몸도 마찬가지다. 숨을 쉬는 인간의 생명체인데 어찌 고장이 안 날 수가 있겠는가. 칠십 세월을 넘게 바쁘게 살아온 삶의 흔적들이지 않은가. 아픈 고통이 곳곳에 숨어 있지만 그것 또한 인간이 한세상 살아가는 하나의 과정이고 늙어 가는 순서이다.

어느 날 서울에서 하나밖에 없는 손자가 왔다. 눈에 넣어도 아프지 않은 귀한 손자다. 그러나 내 몸이 귀찮으니 손자도 빨리 갔으면 한다. 가족도 성가셨다. 내가 이렇게 망가져야 된다는 생각을 하니 우울증이 생기고 가슴이 답답해 온다. 이러다가 내가 죽나 싶다. 사람이 늙으면 관절도 같이 늙어 가는 것이 당연한데 무엇이 그렇게 아프다고 죽니 사니 하면서 호들갑을 떠는지 모르겠다.

몸이 아플 때는 고생하며 살아온 삶이 그려지면서 괜히 눈에 눈물이 난다. 갑자기 하늘나라로 간 어머니가 그리워지고 큰손녀 우리 예안이가 너무 보고 싶어 혼자서 울어보기도 한다. 자다가도 생각하면 가슴이 쓰리고 아파 오면서 보고 싶을 때가 있다. 내 속으로 난 자식도 보고 싶다고 하지 않는데 왜 손녀들에게 기운을 빼고 있는지 알 수가 없다.

얼마 전에 대상포진으로 남편이 고생을 많이 했다. 대상포진이 귀로 온 줄 모르고 이비인후과만 다녔다. 아무리 다녀도 낫지 않아 큰 병원에 갔더니 대상포진이라고 했다. 초기에 발견하고 치료를 했으면 고생을 덜할 것인데 시기를 놓쳐 밤낮으로 아픈 고통을 겪었다.

귀는 바늘로 찌르고 얼굴은 송곳으로 쑤신다고 했다. 귀와 얼굴이 아프니 파스를 얼굴 전체에 발랐다. 파스를 바르니 독이 생겨 부스럼이 나고 나중에는 검은 딱지가 군데군데 붙어 몰골이 말이 아니었다. 그래도 고집스럽게 병원은 가지 않고 밤을 새워가며 통증을 참고 견뎠다. 한 달쯤 지났을까. 낫기는 했지만 무척 고생을 많이 했다. 그렇게 아팠던 남편 앞에서 내 다리 좀 아픈 것을 가지고 요란스럽게 하소연하고 있으니 이 얼마나 부끄러운 일인가. 대상포진을 겪어본 사람들의 말에 의하면 여자가 첫 아이를 낳을 때보다 더 아프다고 했는데….

어느 지인은 허리와 다리가 아파 굿을 했다는 말도 들었다. 여러 병원을 찾아다녀도 소용이 없고 온갖 약을 먹어도 호전이 없어 무당한테 굿을 하였다는 이야기였다. 얼마나 아팠으면 굿을 했을까 하겠지만 아파 보지 않은 사람은 모른다. 관절염 균이 사람 뼈에 붙어 대상포진처럼 바늘로 찌르는 고통을 준다. 그런 고통도 봄을 맞으니 훨씬 좋아졌다.

관절염에 좋다는 약은 이것저것 다 먹어본다. 다행히 이 약 저 약 먹은 덕에 어느 약이 효과가 있었는지 모르지만 매우 양호하다. 사람 마음은 간사하여 조금만 나아도 오래 살 것 같고 또 아프면 곧 죽는가 싶다. 지금처럼만 좋으면 백 살은 문제 없이 살

것 같다.

역시 봄은 좋다. 봄이 찾아오니 내 몸도 건강해지는 것 같다. 추운 겨울에 움츠렸던 마음도 봄바람에 녹고 있다. 다리도 허리도 기분이 좋은지 웃음이 얼굴에 가득하다.

탄소중립

자원센터장의 전화를 받았다. 탄소중립 실천 캠페인 중이니 무엇이든 하나를 택해 동영상을 찍어 보내라는 내용이다.

봉사단체 회원부터 먼저 실천에 참가하라는 당부다. 나는 왼손에 종이컵을 들고 오른손에 사기 커피잔을 들었다. "탄소중립 실천에 종이컵 대신 커피잔을 사용합시다." 하고 외치면서 동영상을 찍어 보냈다. 회원 한 사람은 집에 있는 자가용 대신 자전거를 타고 시장도 가고 백화점도 간다면서 자전거 타고 달리는 동영상이 올려졌다. 또 다른 회원은 엘리베이터 대신 계단을 이용하자면서 실천에 오르고 있었고, 플라스틱 물병과 플라스틱 반찬 용기도 버리자고 외치는 회원들 사진이 “카톡 카톡” 전화기 속에서 줄을 지어 올라왔다.

전국에서 탄소중립 실천에 참가하자고 캠페인 중이다. 환경부와 사회봉사 단체까지 앞장서서 시, 군을 통해 홍보에 열을 다하고 있다. 내가 봉사하는 단체 새마을본부에서도 각 지방마다 실천해 줄 것을 당부에 당부를 한다.

우리나라는 국민소득이 높아졌다. 과학이 발달하면서부터 화학물질 제품들이 생산되었고 그로 인해 경제가 부강해지고 생활도 윤택해졌다. 그러나 하나가 좋으면 하나가 나쁜 반대 현상은 어디나 따르기 마련이다. 교통문화도 발달되어 도시나 농촌이나 보통 차 한두 대가 가정에 재산 목록으로 등장하여 편리한 삶을 살고 있지만 거기에서 나오는 메탄가스는 인류를 망치고 있다.

기후변화에 북극 얼음이 녹고 있다는 뉴스를 종종 본다. 지구온난화가 갈수록 높아져 북극의 얼음이 빠른 속도로 녹는다는 보도가 어제오늘의 경고가 아니다. 바닷물이 침범하여 작은 섬들이 없어지고 있다는 예고를 한다. 몇 해 후는 바다 가까이 있는 나라들이 바닷속으로 사라진다는 천문학자의 말도 있다. 엄청난 재앙이 바로 눈앞에 다가오고 있다니 큰일 중에 큰 재앙이다. 자연의 재해이든 인재의 재해이든 원인을 파헤쳐 해결해야 될 문제이다. 그렇다면 모든 나라와 국민이 하루속히 합심하여 탄소중립 실천에 노력해야 할 것이다.

한 번씩 하늘을 바라보게 된다. 파란 하늘은 보이지 않고 중층에 쌓인 거무튀튀한 구름이 무섭게 흐르고 있다. 산업화가 발달되면서 생산 공장에서 쏟아져 나온 메탄가스와 도시의 차들이 뿜어내는 뿌연 매연, 각 가정에서 나온 온난화 가스들, 모든 것이 청명한 하늘을 누르스름 회색 구름으로 덮고 있다. 먼지처럼 뿌연 안개가 공기 속을 맴돌며 태양 빛을 차단시키므로 인체에 나쁜 균을 발생시키고 있으며, 또 다른 질병과 질병이 엄청난 재앙으로 사람의 생명까지 빼앗아 가고 있다.

중국 위안에서 발생한 코로나19도 마찬가지다. 어떻게 발생되었는지 모르나 무서운 질병이 인간 속에 파고들어와 사람을 괴롭히면서 목숨까지 빼앗아 가고 있다. 원인의 하나다. 인간의 무질서한 생활이 환경을 파괴시키는 원인으로 코로나 같은 질병도 생긴다. 알 수 없는 병균들이 곳곳에서 싹을 틔우고 있으며 앞으로 더욱 강력한 균들이 발생한다니 커가는 아이들 미래가 한없이 걱정스럽다.

일상생활에 쓰이는 용품에도 인체에 해로운 것들이 대부분 차지하고 있다. 비닐봉투에서부터 플라스틱병까지 여러 종류가 환경을 병들게 하는 제품들이다. 근래에 와서는 환경오염이 없는 기막힌 제품이 개발되어 쓰이고 있다. 농촌서 많이 쓰이는 비닐 종류가 녹말로 만들어 낸 제품이었다. 몇 해 전만 해도 땅속에서 100년이 흘러도 썩지 않으니 비닐 종류를 쓰지 말자고 캠페인을 했었다. 그러던 비닐이 6개월 지나면 땅속에서 자연 분해가 되는 제품이 나왔다. 이것 또한 인간의 두뇌를 빌려 개발한 성공의 제품이었다.

피서철만 되면 피서객으로 지자체에서 골치를 앓고 있다고 들었다. 계곡과 바다, 곳곳에 얌체 피서객이 버리고 간 쓰레기가 산더미처럼 쌓여 현지인들이 몸살을 앓는다는 뉴스를 본다. 먹다 남은 음식과 술병, 음료수병, 플라스틱 용기를 그냥 그 자리에 버리고 간 피서객들이 허다하니 참 부끄럽고 어처구니없는 행동이다. 이런 정신으로 선진국 꿈을 꾸고 있다는 것도 창피한 노릇이 아닌가 싶다. 우리나라는 생활 수준이 매우 높아진 환경에서 부족한 것 없이 살아가고 있다. 질서도 괜찮은 편이다. 보안도 높은 수준에 속한다. 경제도 선진국을 바라보는 나라다. 근데 이런 국민이 있다니 안타깝다. 하루속히 개선하기를 바라뿐이다.

차를 타고 가다 보면 곳곳에 걸려 있는 현수막을 본다. 여러 가지 광고물과 지자체 보고까지 수도 없이 나불거리고 있는 현수막이다. 사람의 눈에 잘 띄는 곳이면 어디에나 걸려 있다. 특히 선거 때가 되면 어느 당 누구누구 순서대로 나열해 있다. 한참을 바라보면 눈까지 피곤할 정도다. 이렇게 많은 현수막은 한 번 쓰고 나면 폐제품으로 버려졌는데 요즘은 새마을 단체가 탄소중립 실천에 앞장서서 재활용품으로 사용한다.

버려진 현수막을 새로운 제품으로 디자인하여 만들고 있다. 앞치마와 에코백을 만들어낸다. 앞치마는 농촌 일손 돕기에 기부하고 에코백은 비닐봉지 대신 장바구니로 사용하도록 각 단체에 기부했다. 버리면 오염이 될 폐현수막을 환경에서 건지게 되었다. 작은 것 하나지만 새마을 부녀 회원은 탄소중립을 실천하고 있다. 농가에도 참가했다. 무분별하게 버려진 폐기 농약 공병을 수거한다. 하나하나 모은 농약병을 팔았다. 모은 수익금은 이웃사랑에 기부하는 보람찬 일에도 활동하고 있다.

나는 이번 계기로 나의 습관도 고쳐나가기로 했다. 밤에 켜 놓고 자던 TV를 끄고, 사용하지 않은 전기 콘센트는 뽑았다. 아낌없이 콸콸 쓰던 목욕물도 아껴 쓰는 습관으로 바꾸기로 했다. 몸에 밴 습관을 당장 고칠 수는 없지만 그래도 조금씩 고쳐나간다면 온실가스를 줄일 수 있지 않나 싶다. 그러므로 환경이 맑아지고 작은 보탬이 큰 도움이 되게 일부를 담당할 것이다.

4부

무엇을 더 바랄까

무엇을 더 바랄까 | 두 분의 신 | 시집살이

고전 속의 러시아 | 마이산을 오르며 | 등과 등을 대고

돈, 돈, 돈 | 승자도 패자도 없이 | 회화나무가 서 있는 마을

무엇을 더 바랄까

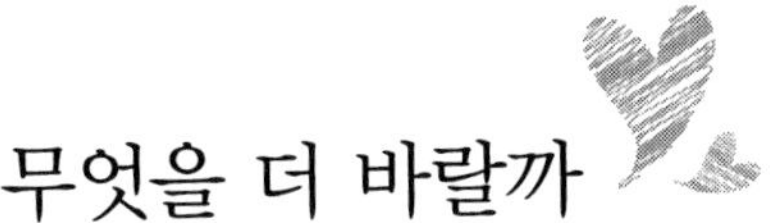

"정신 좀 차리고 일어나세요." 하는 목소리가 들렸다. 세월이 안고 흘러간 삼십 년 전에 마취의 힘을 빌려 자궁암 초기로 나팔관 한쪽을 떼어 내고 누워 있던 어느 산부인과 회복실이다. 신체적으로 마취에 약한 나는 간호사 도움 없이는 깨어나기가 힘들었는지 큰소리가 났어야 깨어났다. 칠십이 넘은 지금도 건강검진으로 위내시경이나 대장내시경을 받을 때 다른 사람보다 늦게 깨어나곤 한다.

아픈 다리를 끌고 숱한 세월을 참으며 견디었는데 결국에는 무릎관절 수술을 하게 되었다. 수술 날짜가 다가오니 두려움이 앞섰다. 나이가 많아 마취약에 깨어나지 못하면 어떻게 될까 하고 수술 전날 밤은 안절부절 오만 가지 공상에 정신만 어지러웠다. 달아날 용기도 없으면서 간호사 몰래 도망을 갈까, 하는 생각에 짧은 밤이 긴 터널을 헤매듯 끙끙 애를 쓰며 한숨의 잠을 청하지 못하고 뜬눈에 밤을 밝혔다.

수술 시간을 맞았다. 쿵덕쿵덕 뛰던 심장을 안고 간호사에 끌려 수술실 앞에 닿으니 순간 마음이 편안하고 안정이 되었다. 뜻밖이다. 불안한 마음은 어디로 가고 고요히 눈이 감긴다. 피할 수 없는 현실을 깨닫고 모든 것을 신께 맡기나 보다. 다리에 좀 더 관심을 갖고 예방하고 관리하여 보살피었다면 지금 이런 고통을 겪지 않아도 될 것을. 언제나 깨달음은 때를 놓친 후였다.

역시 마취의 긴 터널을 헤매고 있었는지 간호사의 애타는 음성이 희미하게 들렸다. 정신을 차리고 보니 눈앞에 의사 선생님과 간호사 얼굴이며 병실이 보였다. '아! 깨어났구나. 감사합니다.'가 먼저 마음속 깊이 새겨들어 긴 숨이 몰아쳤다. 깨어났으니 얼마나 감사한가. 나도 모르게 눈시울이 젖어 왔다. 코로나19에 가족 얼굴은 아무도 보이지 않았지만 그런 것은 문제가 되지 않았다. 창밖에 있는 푸른 하늘을 볼 수 있어 감사했다. 하루하루 같이 살아가는 무릎에게도 "이제는 아프지 않을 것이니 안심하여라." 하며 붕대 위를 쓰다듬어 주었다.

나는 의사도 아니면서 내 몸을 진찰했다. 다리가 아파도 크게 불편한 것이 없으면 끌고 다니면서 수많은 세월을 괴롭히고 아픔을 줬다. 한 번씩 심한 경련을 일으키면 병원에 데리고 가서 주사 한 대를 맞추어 주는 것이 전부다. 철로 된 열차도 끝없이 달리고 달리면 고장이 나는데 미련한 나는 내 다리라고 내 마음대로 노예처럼 종일 노동을 시킨 것이다. 어떤 때는 염증의 고통이 소리를 지르며 통통 부어올라도 "좀 쉬었다가 보자." 하고는 모른 체했다. 그러다 보니 결국에는 둑이 무너져 호미로 막을 것을 가래를 들게 된 것이다. 병이 오기 전에 운동을 하면서 적극적으로 치료를 하고 관리를 하였다면 큰 고통은 증가하지 않았을 것인데. 순간만 생각하고 살아 온 흔적들이다.

의학으로 볼 때 병의 앞뒤는 이러하였다. 초기가 1기라 하면 말기는 4기라 하였는데 내 무릎 연골은 4기에서도 말기였다. 시티촬영 사진에 나타난 무릎은 뼈와 뼈가 부딪치어 안으로 움푹 파인 모양으로 겨우 지탱하고 서 있었다. 안에서 자라는 순한 연골이 닳을 때로 닳아 뼈가 부서져 내려앉았다는 의사 선생님 말씀이었다. 그러니 조금만 걸어도 아파왔고 서 있을 때는 더욱 힘들어 주저앉고 싶었다.

생이 무엇이기에 원체인 몸을 망가트리면서 고달프게 살아왔는지 비참하고 허무했다. 제일 귀중한 것이 자신의 몸인데 한 치의 인정도 베풀지 않았으며 쉬는 시간을 주지 않고 내 소유물이라고 마음대로 끌고 다녔던 것이다.

4기 말 문패를 달고 수술한 다리는 다행히 성공한 편에 섰다. 의술이 발달되어 옛날처럼 무 자르듯이 자르지 않고, 인공 관절을 넣어 봉합하기 때문에 시간도 단축되어 크게 무리 없이 회복도 빨라졌다.

몇 개의 병실에 묵고 있는 환자도 나와 같은 무릎 수술한 사람들이다. 운동하는 공간에 환자들은 한쪽 다리의 깁스에 목발을 지탱하고 휠체어에 앉은 환자들은 같은 다리 부분에 붕대를 감고 있다. 수술 상처도 같았으며 주고받는 안부의 대화도 같은 내용이다. "며칠 되었습니까? 물리치료는 몇 번 했습니까? 꺾기는 했습니까? 많이 아팠지요?" 같은 고통을 겪었기에 서로 마음을 위로하며 격려해 주는 안부에는 정이 넘쳤다. 수술 모양은 하나같이 길게 뻗었다. 비슷비슷한 상처 부분이 고속도로 같았다. 뻗어진 흉터 자국은 길이와 넓이가 쌍둥이 형태로 시꺼멓게 색칠되어 기막힌 하나의 작품으로 성공적으로 그려졌다.

신체 중 어디든 아프지 않은 곳이 있을까만은 다리 아픔이 제일 고통스러웠다. 집을 지을 때 기둥이 튼튼해야 옳은 집이 되듯이 두 다리가 튼튼해야 하는데, 여러 조직으로 만들어진 무릎관절은 염증이 부딪치며 스파크를 일으켜 많은 통증을 주었다. 순간순간 시큰거리면 아픈 뼛골을 파내고 싶을 정도로 지긋지긋한 괴로운 통증이 유발했다. 걸음걸이는 절뚝거리는 장애인처럼 걷게 되어 큰 도로는 창피해 골목길을 다녔다. 길을 걷다가도 아는 사람이 보이면 부끄러워 잠시 숨었다가 그 사람이 지나가고 난 뒤 다시 걸어가곤 했다. 그랬는데 이제는 천군만마를 얻은 것 같이 씩씩하게 걸어 다닌다.

수술이 잘되어 아픔이 나아 다리의 건강이 무럭무럭 익어간다. 지팡이에 의지한 다리는 혼자 일어서기도 하고 앉기도 한다. 괴롭히던 염증이 없어졌는지 큰 통증도 잦아졌다. 남의 눈을 피해 다녔던 큰길도 이제는 보란 듯이 용감히 걸어 다닌다. 건널목 신호가 깜빡깜빡하면 뛰지를 못해 다음 신호를 기다렸던 시절은 옛날로 흘려보내고 깜빡거리는 신호에도 뛰듯이 자신 있게 걷는다. 3분을 걷지 못해 쉬었다 걸었는데 지금은 30분도 쉬지 않고 걸어가곤 한다. 아이가 태어나 신기한 첫걸음에 넘어져도 일어나 또 걸어보고 또 걸어보고 하듯이 나도 걸어보고 또 걸어보고 한다. 이대로 이만큼만 좋아져도….

더도 덜도 말고 지금처럼 걸어만 준다면 이생에 무엇을 더 바랄까.

두 분의 신

나는 요즘 성경 필사에 재미를 느끼고 있다. 처음 한 권을 필사할 때는 레지오 단원이 성경 쓰기를 하기에 나도 해보자 하고 시작은 했지만 아무 뜻도 없었으며 별다른 느낌도 없이 의무적인 형식이었다. 그렇다고 열심히 쓰지도 않았다. 시간 날 때마다 쉬엄쉬엄 쓰다 보니 신구약 한 권을 쓰는데 육 년이라는 긴 세월이 흘러 금년 이월에 끝을 내었다. 그리고 무언지 모르게 쓰고 싶은 마음이 생겨 다시 필사에 들어갔다.

처음 필사에는 느끼지 못했던 성경 속의 인물들과 그 시대의 환경, 문화, 평화, 삶의 고통, 하나하나 느끼며 깨달아진다. 무질서의 생활 속에 인간이 노예로 산 이천 년 전의 삶의 기록이었다. 지금 이 시대처럼 봉사나 자비나 문화 환경 모두가 볼 수 없는 환경을 기록한 성경책이다.

나는 매일 조금씩 필사하고 있다. 일요일과 월요일은 꼭 몇 줄 쓴다. 일요일 코로나로 인하여 성당을 못 가는 대신 필사로 회개하는 마음과 용서를 빌고, 월요일은 한 주를 무사히 지낼 수 있게 해달라는 의미로 필사에 열중한다. 마음먹기에 달렸다고 하지만 나의 기도는 묵주 오단을 돌리면서 성모마리아를 찾는다. 기도를 하면 한 주가 편안해지고 모든 일이 무사해지는 것 같아서 수년째 꾸준히 하고 있다. 성경책을 필사한 세월이 육 년을 넘어 끝을 내고 최근 다시 시작한 것도 나의 마음이 편안해지기를 바라기 때문에 시작하지 않았나 싶다.

언제 끝이 날지는 모르지만 살아있는 동안 꾸준히 적어보자는 신념으로 시작했다. 성당을 수십 년 다녀도 필사하기는 힘들다는 성당 자매님들 말이다. 근데 나는 길다면 길고 짧다면 짧은 세월에 창세기부터 신약 묵시록까지 필사를 끝내었다. 그리고 하느님께 감사기도를 올렸다. 무사히 끝까지 필사에 성공할 수 있게 해주어 감사하다고, 정말 감사하다고.

옛날에는 부처님을 믿으면서 여러 사찰을 돌아다녔다. 큰 조계종과 작은 사찰과 암자까지 찾아다니면서 백팔 배의 절을 하고 가정의 평화와 가족의 건강을 부처님께 의탁하며 삶의 해결사가 되어 주기를 기도로 매달렸다. 그러던 세월이 엊그저께 같았는데, 지금은 성경 필사에 열중하고 있으니 사람 일은 한 치 앞을 모른다는 말이 맞는 것 같다. 그렇고 보면 인간의 마음은 무진장 간사한 편이다. 나이 칠십을 넘어 지구를 한 바퀴 돌듯이 신의 세계도 한 바퀴 돈 셈이다.

부처님의 가르침을 받고 싶어 교리 공부에 들어갔다. 2008학번으로 범어사 불교 선원에 일 년을 다니면서 열심히 교리 공부를 했다. 일 년 수업이 끝나고 불명을 받기 위해 삼천 배의 삼일 기도도 했다. 천수경을 읽으면서, 반야심경을 외우면서, 다라니 기도에 죽비를 맞아 가면서, 삼천 배의 시늉으로 앉았다 섰다 반복으로 부처님께 절을 올렸다. 그리고 끝으로 불명을 받았다. 내 이름 그대로였다. 친구는 잘못 받았다고 스님께 다시 불명을 받으라고 강요하며 웃음으로 밤을 새웠다. 그런 속에서 웃고 떠들어 가면서 지새운 밤의 기도는 젊은 날의 추억이 되었다. 범어사 행사는 그해 졸업생들이 참가하여 봉사의 훈련이 시작되었고 특히 수천 명의 공양 그릇을 씻는 몫은 졸업생 몫이었다. 그때는 종일 씻고 씻어도 피곤한 줄 몰랐으며 그렇게 함으로써 복을 받아 어려움 없이 잘 풀려간다는 마음에 흡족했고 우쭐해지기도 했다.

지금에 와서는 사찰을 다니지 않는다고 부처님을 배신한 것은 아니다. 왜냐하면 사월초파일 같은 날 자식들을 위하여 부처님 앞에 등을 달고 기도를 올린다. 그러니 부처님을 멀리하지도 못하고 가까이하지도 못한 채 두 신을 안고 의지하며 살고 있는 셈이 되었다. 무엇을 더 바라기에 부처님을 믿었다가 또 하느님을 믿으면서 간사하게 살아가는지 나 자신도 모른 채 야비한 삶을 살고 있다.

처녀 때에는 직장이 감리교 재단이라 부산 중구에 있는 보수교회를 열심히 다녔다. 세례도 받았다. 그랬는데 시집와서 불교에 입문한 것이다. 지인들과 시집 식구들도 부처님을 믿어 나도 그 속에 끼여 사찰을 다니게 되었다. 소원을 비는 기도에 나의 존재는 없었고 오직 남편과 아들들만 있었다. 어디든 사찰만 가면 기왓장 하나에 남편의 건강과 자식의 건강을 빌면서 적어놓았고, 아들들이 대학 갈 때면 곳곳에 이름을 올리고 학업성취를 빌었다. 아들들이 군에 입대했을 때는 군 생활 무사를 빌었고 사업을 할 때는 사업성취를 적어놓고 끝없는 염력에 기도했다.

내 유년 시절에 할머니를 따라 사월초파일날 사찰에 간 적이 있었다. 사람들이 사찰 입구에 있는 사천왕에게 두 손을 모아 합장하면서 고개를 숙이고 절을 하는데 할머니는 사천왕을 무심히 바라볼 뿐 절을 안 하셨다. 나는 "할머니, 왜 절 안 해?" 하고 물으니 할머니는 "우리는 절하는 것 아니야." 하셨다. 그때 그 이유를 몰랐는데 지금 생각하면 할머니는 천주교를 믿고 계셨다. 할머니 마음속에는 예수님이 자리하고 계셨는데 우리 가족은 아무도 눈치채지 못했다. 할아버지는 아셨지만 신의 믿음에는 무언이었다. 할머니는 며느리 앞에 내색을 안 하시니 아무것도 모르는 어머니는 뒷산에 자리한 용문사에 자주 가서 기도를 하고 오시곤 했다. 그래서인지 어머니가 불공드린다고 사찰에 다녀온 날은 할머니와 어머니의 음성이 컸다.

할머니가 지금 살아계신다면 백이십 세는 되었지 싶다. 천주교인들이 박해를 받아 죽음으로 몰아가던 조선시대의 할머니였다. 그때 할머니는 천주교인으로 일제강점기를 넘겼고 또 6·25 사변을 넘기면서도 믿음은 변함이 없었다. 그래서 지금 내가 할머니 유산으로 성당에 뿌리를 늦게나마 둔 것이 아닌가 생각이 든다.

결국에는 한 뿌리를 찾아온 셈이다. 괴로우면 괴롭다고 하느님께 하소연하고 좋은 일이 있으면 "감사합니다."를 마음의 문을 열고 자동으로 뜻을 풀어낸다. 인생길이 한 바퀴 돌다 보면 이런 일 저런 일 오만가지 일을 겪지만 결국에는 윤회하듯이 돌다가 하나의 신에 하나의 종점에 닿는 것이 진리이니 어느 신을 믿든 결국에는 한길이라는 것을 알기에 오늘도 성경책 속 인물을 그리며 적어본다.

시집살이

친구는 가슴에 손을 얹고 마음을 달랜다. '미안하지만 참고 또 참아 보자.'며 눈물 젖은 마음으로 가슴을 어루만진다.

그녀는 내 막둥이 아들 중학교 학부모 모임에서 만난 친구다. 지금까지 삼십 년 가까이 인연을 맺어 기쁠 때나 슬플 때나 마주하여 웃기도 하고 울기도 했다. 때로는 커피를 앞에 두고 삶을 저울질하기도 하고 국밥 한 그릇으로 따뜻이 속을 데우기도 하며 또 소복이 쌓아 올린 팥빙수로 슬픈 마음을 다스려보기도 했다.

십 년 전쯤 되었을까. 친구 셋과 나는 광안리 어느 식당에서 점심을 먹고 바닷가 커피집에 앉았다. 수평선에서 태풍이 밀려오는지 은빛 파도가 출렁거리며 억센 갯 냄새가 바람을 타고 날아와 커피집을 적셨다. 그러나 실내는 조용하여 큰 소리로 떠들어도 시끄럽다고 하는 사람이 없었다. 마음 놓고 흉을 봐도 부끄럽지 않아 여인들의 스트레스 푸는 장소로는 최고였다.

생전 말이 없던 친구가 입을 열었다. 시집살이 하소연을 하기 시작했다. 고부간의 갈등으로 살아 온 이야기를 한다. 들으니 기막힌 사연이 한두 가지가 아니었다. 텔레비전에서 나오는 '세상에 이런 이야기'가 여기도 있었다.

친구는 여고를 졸업하자 결혼을 하게 되었다. 신랑감은 은행에 근무하는 총각인데 홀어머니를 모시고 사는 외동아들이다. 외동아들은 절대로 안 된다는 친정 부모님 반대에도 인물이 헌칠한 총각을 따라 시집을 갔다. 홀시어머니 시집살이가 청양고추보다 맵다는 충고는 옛날이야기 속에 나오는 전설로만 믿었다.

첫 새벽부터 늦은 밤까지 집안일에 매달렸다. 온갖 궂은일에 하루하루를 보냈다. 시어머니 구박은 당연한 일로 생각하고 모든 고통을 스스로 달래 가면서 긴긴 세월을 눈물로 참아내었다. 밥이 질면 밥그릇이 방바닥에서 꽹과리 춤을 추기도 하고 어쩌다 반찬이 부실하면 밥상 위를 숟가락으로 북 치듯이 뚝뚝 친다고 했다. 국이 짜면 국그릇에 물을 넘치도록 부어 상 둑을 넘어 방바닥까지 흘러내렸다고 한다. 밥상을 발로 차고 손으로 밀기도 하여 부서진 상만 해도 몇 개나 된다면서 눈물로 살아온 고통을 토해내었다. 우리는 분개하여 소리쳤다. 그러나 아무리 분해도 우리는 제삼자다. 어떻게 할 수 있는 권리가 어느 한 부분도 없다.

이유 없는 시어머니 시집살이는 잘못 내려온 악습이다. 시어머니 시대를 넘어 또 그 위 시어머니 시대에도 며느리 존재는 노예 아닌 노예처럼 살아왔다. 여자는 한번 시집가면 그 집 귀신이 되어야 한다는 고정관념으로 시집간 딸이 죽든 살든 출가외인 몫으로 돌렸다. 이런 어처구니없는 관습이 조선시대를 넘어 우리 어머니 시대까지 걸쳐 내려온 불쌍한 여자의 운명이었다.

그녀는 수많은 세월 동안 삶의 끈을 놓지 못했다. 아내의 짐과 자식의 짐을 어깨에 메고 끝없는 여로에서 헤매야 했다. 괴로운 고통을 당연히 본인 몫으로 믿고 살았다. 수많은 세월을 울고 살았지만 말이 없었고 내색도 하지 않았다. 그래서 우리는 매달 만남을 가져도 모르고 지냈다.

어느 신의 벌인가. 어느 날 시어머니 눈에 문제가 생겼다. 갑자기 앞이 보이지 않았다. 왜 이런 슬픔이 그녀에게 주어질까. 고통의 삶이 더욱 크게 친구를 몰아쳤다. 황혼 이혼이 유행처럼 움직이는 요즘 친구도 모든 것을 버리고 혼자만의 세상을 살고 싶다고 했는데 그것도 뜻대로 이룰 수가 없다. 장님이 된 시어머니를 두고 떠날 수가 없었다. 심성이 선한 친구는 마지막 희망도 산산조각이 났고 첩첩산중을 걸어가는 운명에 한탄했다. 어쩔 수 없는 현실에 마음을 비우고 신세를 원망하며 눈물만 흘렸다. 이혼의 꿈도 물거품이 되어 날아가 버렸다.

그리고 얼마 후 전화가 왔다. "정말 못 살아." 하며 우는 목소리였다. 남편이 이상하다고 했다. 아침에 운동한다고 바닷가에 나갔는데 바지에 배설물을 묻혀 들어왔다고 한다. 똥 싼 바지를 입고 엘리베이터를 탔으니 좁은 공간 속에 냄새가 진동을 했다. 같은 아파트에 사는 사람이 알까 봐 고무장갑을 끼고 비눗물로 닦고 또 닦아 놓은 후 방향제를 뿌렸다고 하면서 속상해 죽겠다고 울었다.

친구는 아들만 셋이다. 딸이 있으면 딸하고 이야기라도 할 수 있는데 딸이 없으니 마음을 주고받는 친구에게 하소연을 할 수밖에 없다. 울면서 못 살겠다고 하는 친구 말에 눈물이 났다. 나도 딸 없이 아들만 셋이니 꼭 나를 보는 것 같았다.

세월이 몇 년 더 흘렀다. 친구는 시골로 이사를 가고 소식이 뜸했다. 그런데 오늘 아침에 "더운 여름 어떻게 지내?" 하고 전화가 왔다. "정말 오랜만이네." 하며 서로 반가웠다. 그 순간 "우리 영감 오늘 새벽에 죽었어." 한다. 나는 뜻하지 않게 웃음이 나와 참을 수가 없었다. 정신 나간 여자처럼 헛웃음이 자꾸 나온다. 아무리 남의 남편이지만 울어야 하는데 방정맞은 웃음은 자꾸만 새어 나왔다. "내 영감 죽었다는데 왜 웃어?" 했다. 나는 속으로 '친구의 고생을 덜어주어 고맙습니다. 좋은 곳에 가시어 편히 지내세요.' 하고 중얼거렸다. 그래 잘 되었다. 나쁜 친구라고 해도 좋다. 친구가 얼마나 고생을 하며 살았는지 나는 알기 때문이다. 장님 시어머니와 치매 남편을 모시고 살아온 친구다. "하느님, 감사합니다." 외치고 싶다. 시어머니는 요양원에 계시니 친구도 이제 한시름 놓았다. 남편이 없는 자리는 허전하겠지만 살다 보면 잊을 것이다.

초상을 치르고 난 뒤 밥이라도 먹어야지…. 그리고 삶의 끈을 저울질하며 속상해하던 시간 속에 들어가 옛이야기로 회포를 풀어봐야겠다.

이제 그녀도 좀 편해지기를 바란다.

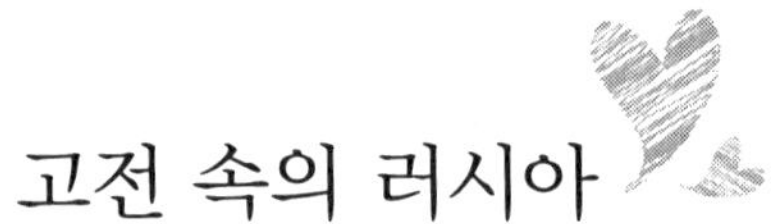

고전 속의 러시아

뜻밖에 러시아로 여행 갈 행운이 생겨 김해공항에서 러시아 항공을 탔다. 먼 나라라고 생각했던 러시아는 아주 가까운 이웃 나라였다. 비행기를 타고 1시간 20분 만에 블라디보스토크공항에 도착했다. 블라디보스토크는 세상 어느 곳과 별 차이 없는 지구 한 부분의 땅이었다. 산이 있으며 바다가 있고, 바다를 낀 육지가 있어 마을이 형성되어 사람들이 살고 있었다.

큰 나무들 사이로 빨강 벽돌집들이 보였다. 주로 낮은 산자락 언덕 끝에 고즈넉하게 앉은 집들이다. 그림 같은 풍경이 여느 유럽 도시처럼 아름다웠다. 마을 앞에는 억센 바닷물이 도시 중심에 흐르니 강처럼 잔잔한 호수 같았다. 거리의 표정은 낭만이 가득하고 혁명 광장에 모인 청춘 남녀들의 미소는 평화롭고 부드러웠다.

광장을 지나 숙소를 향할 때 누군가가 한글로 된 책을 들고 왔다. 먼저 누구의 손으로 우리에게 건네졌는지 모르지만 고려인이 쓴 책이다. 이 사람 저 사람 손으로 넘겨져 읽혀나갔다. 책의 내용은 이러하다. 많은 고려인이 블라디보스토크로 이민 와 살고 있었다. 고향을 등진 타국에서 동포들끼리 서로 의지하며 살고 있는 어느 날 황제의 명령으로 혁명의 광장에 모였다. 철도길에는 그들을 태우기 위해 열차들이 줄을 서 있었지만 그들은 아무것도 모른 채 명령에 따랐다. 러시아인은 고려인들을 강제로 끌고 나와 시베리아 벌판으로 가는 열차에 태웠다.

석탄과 짐승을 싣는 화물열차에 태워졌다. 준비한 양식도 없이 맨몸으로 열차를 타고 달리게 되었다. 먹을 것이 없어 굶어 죽는 사람은 부지기수였고, 죽은 사람은 열차 창밖 벌판에 함부로 던져지면서 열차는 밤낮을 달려 시베리아 벌판으로 갔다고 고려인의 책에 쓰여 있다. 또한 그것뿐인가. 열차 안 그 자리에서 대소변을 보는 고통은 이루 말할 수 없는 괴로움이었다는 내용이 구구절절하게 적혀 있었다. 우리들은 돌아가면서 읽고 그들의 겪은 고통이 우리의 전율에 닿아 같은 동포의 삶을 느끼며 눈물을 흘렸다. 시베리아 벌판에서 영하 5, 60도의 날씨에 살을 에는 혹독한 엄동을 견디면서 피눈물로 살아남은 고려인의 후손들은 3세까지 번성했다. 러시아 곳곳에 뿌리를 내리고 선대의 고통을 거울삼아 열심히 잘 살아가고 있다고 한다.

또 다른 광장에 멋지게 생긴 동상이 세워져 있고 옆에는 그에 대한 기록이 적혀 있었다. 문호 도스토옙스키는 사형수가 되어 죽음을 5분 남기고 사형을 기다리며 꿇어앉았다. 5분을 남긴 그는 사랑하는 사람에게 2분 동안 기도하고, 또 2분은 이날까지 살게 해주신 신께 두 손을 모았다. 마지막 남은 1분은 끝까지 그를 살게 해준 눈앞의 세상에 기도를 하는 순간 황제의 명령으로 목숨을 건졌다는 기록이다.

그는 사형 직전에 목숨을 건져 시베리아 벌판으로 귀양을 갔다. 그곳에서 4년을 살면서 새 삶을 출발하여 노벨상까지 받은 문학 작가로 탄생되었다. 나는 그를 보는 순간 “당신을 존경합니다.” 하고 손을 잡고 사진 한 장 찍을 수 있는 영광도 얻었다.

블라디보스토크에서 밤 9시에 출발하여 하바롭스크까지 달리는 열차를 탔다. 우리나라 육십 년대 초반에 달리던 비둘기 열차

속도쯤 된 것 같다. 아니 더 늦었다. 달리기는 하는데 걸어가는 수준이다. 완전 완행열차다. 그래도 여행이라는 추억이 있어 느리게 달리든 덜거덕거리며 달리든 목적지까지 피곤함을 잊고 레일 위에 누웠다.

긴 어둠의 여정은 한 치 바깥 풍경조차도 허락하지 않았다. 어디가 어딘지 알림도 없이 섰다가 떠나기를 반복한다. 먼 별들을 향해 시선을 올려보기에는 피곤한 밤이지만 울리는 레일 소리에 젖어 상념에 빠져들 뿐이다. 꾸벅거리다가 잠든 시간은 새벽녘에 멈추고, 꼬박 새운 밤은 승객들의 이야기 소리에 알람 시계를 대신했다.

별이 떨어지는 꼬리를 찾는 동안 어느새 태양은 기지개를 켜고 일어났다. 시베리아 태양이다. 자작나무와 풀잎과 피어 있는 들꽃까지도 태양을 향해 목을 내미는 눈부신 들판이다. 다가올 혹독한 겨울에 먹을 양식을 준비해야 하는 짧은 하루는 뜨거운 햇살로 곡식 빛깔을 풍요롭게 했다.

하바롭스크에 갔다가 간단히 식사를 하고 모스크바 가는 비행기를 탔다. 열차로 11시간 30분을 달려왔는데 또 여기에서 비행기로 8시간을 날아가야 모스크바에 도착한다니 상상만 해도 어마어마한 큰 나라였다.

모스크바 거리는 깨끗하다. 예술의 거리 중심에는 웅장한 저택들이 나열해 있다. 모든 집들이 하나의 작품이다. 돌 하나하나마다 모양을 내거나 멋지게 새겨져 예술적 향기가 뿜어났다. 마치 박물관처럼 보인다고나 할까. 웅대한 건축물에 눈이 휘둥그레지고 입이 다물어지지를 않았다. 보통 이백여 년 된 집들이다. 그렇게 오래된 집도 허물지 않고 보수를 한다. 시멘트로 덧붙이는 공사를 하고 고운 색깔로 페인트칠을 하여 옛 건물을 그대로 살린 모형이 예술적 건축물이 되어 모스크바 거리를 빛내고 있다.

예술의 거리 중간쯤 가니 부부 동상이 있었다. 폭넓은 드레스를 입은 아름다운 여인은 꽃 한 송이가 꽂혀있는 모자를 쓰고, 곱슬머리에 깃 세운 바바리코트를 입은 남자의 팔짱을 끼고 서 있는 동상이다. 바로 앞에는 그들이 두 달 동안 신혼생활을 하였다는 집이 마주하고 있다. 저택은 몇백 년이 흘러도 헐어진 자국 없이 후세의 손에 하얀 집으로 단장되어 깨끗하게 보존되었다. 주인은 가고 없지만 그의 체취를 느끼려고 많은 관광객이 줄을 선다. "삶이 그대를 속이더라도 슬퍼하거나 괴로워하지 말라."는 말을 남긴 러시아의 국민 작가 푸시킨이 살았던 집이다. 힘들고 괴로운 삶도 인내로 견디라는 시를 남겨 세상 사람들을 위로

하고 감동케 했다.

그러나 정작 본인은 36세라는 젊은 나이에 세상을 떠났다. 아내와 부정을 일으킨 남자와 결투를 하여 목숨을 잃은 그는 얼마나 애석한 순명인가. 하지만 그의 시구는 세상 사람들에게 희망을 전하는 시가 되어 오늘날까지 애송되고 있다.

여행을 끝내고 한 권의 책에 역사가 있어 현대가 있다는 것을 피부로 느낀다.

마이산을 오르며

마이산을 오르는 길목은 화려하다. 어느 곳이나 이름 있는 명산은 장터같이 많은 사람이 붐빈다. 마이산 주변도 곳곳에 장사꾼들이 물건들을 내어놓고 소리를 질렀다. 갓길에 앉은 아낙네는 고사리, 도라지, 솔향이 짙은 송이버섯 등 여러 가지 산채를 소쿠리에 담아 놓고 우렁찬 목소리로 손님 눈을 끌어당긴다. 길 양쪽에는 움막 식당들이 즐비해 메뉴를 앞에 걸어놓고 지나는 사람 발길을 잡아당긴다. 더덕구이, 인삼 튀김, 막걸리, 파전 등 군침이 당겼다.

가을 문이 열렸다. 울긋불긋 화려한 옷을 입은 멋쟁이 수형들이 관능미를 보이고 있다. 거울 같은 저수지에는 곱게 물든 나뭇가지들이 물빛으로 제 모습을 보고 만추에 취해 출렁거린다. 산등선을 타고 날아온 산골바람도 저수지에 앉아 밭두렁 물결을 타며 놀고 있으니 햇살도 따라 물 등에 업힌다. 자맥질하며 먹이를 찾아 배를 채우는 물오리들도 물 등을 타고 숨었다 나왔다 사람들과 더불어 가을을 즐긴다.

높고 푸른 하늘은 구름 한 점 없이 맑았다. 나무들이 뿜어주는 산소 덕분인지 부실한 내 다리가 가볍게 산을 올라간다. 청춘이 된 기분이다. 산사가 있는 곳까지 무탈하게 도착하니 보살들이 모여 부처님께 절을 하고 있다. 기도에 열중한 여인들은 방문객이 일렁이며 사부작거려도 흐트러짐 없는 신심에 담은 애절한 기도는 부처님 전에 향하고 있다.

절 옆에 유명한 돌탑들이 우뚝 솟아있다. 산사를 지키는 돌탑은 억센 골바람에도 무너지지 않은 마이산 돌탑이라는 자부로 튼튼한 기골을 자랑한다. 탑을 지나 계단을 오르니 이성계 장군이 거처했다는 암자가 퇴색된 채 있었다. 세월을 이겨 낸다고 힘들었는지 한쪽 기슭에서 어두운 심연을 안은 채 우두거니 앉은 모습이 초라해 보였다. 또 그 옆에는 장군이 마셨다는 샘물도 세월을 넘어와 갈증을 오늘까지 씻어준다.

큰 북이 누군가가 쳐주기를 기다리고 있다. 나는 자식들의 성공을 빌면서 북을 큰 소리 나게 쿵쿵 쳐 본다. 부모의 심정은 어디를 가나 똑같다. 부처님 앞에 가면 부처님께 빌고 성당에 가면 하느님께 빈다. 부모보다 남편보다 오로지 자식 잘되기를 바라는 어미의 간절한 마음이었다.

불편한 다리로 사백팔십 계단을 오른다. 기적 같다. 도심에서는 반 정거장도 못 가고 쉬었다 걸어가고 했는데 어찌 된 일인지 통증을 느끼지 못했다. 일행들에게 폐를 끼치면 어쩌나 무척 걱정을 하였는데 다행히 아프지 않아 근심을 거두어들였다.

정상에 오르는 길은 긴 세월 살아온 나의 인생살이와 닮았다. 어디가 끝이 있는지 모른 채 멈추지 않고 걸어온 삶이 뒤돌아봐진다. 고달픈 삶은 끝이 없고 지친 몸은 쉬지 못하고 부대끼며 살아온 고통의 길이다. 넘어질 듯 넘어질 듯하면서도 쓰러지지 않는 몸을 안고, 무엇을 향해 가는지 알 수가 없듯이 무작정 걸었다. 멍들고 응어리진 일상도 언젠가는 꽃을 피우는 날이 올 것을 믿으며 우직하게 살아온 인생길이 연상된다.

사방을 둘러보니 아름다운 산이다. 어느 산이나 산은 똑같다고 하지만 마이산은 특별하다. 수년 전에 산악회에서 등산코스를 마이산으로 잡았는데, 그날따라 다리가 아파 기회를 놓쳤다. 그 후로는 좋아하던 산악회 모임도 그만두고 몸과 씨름하느라 여태껏 산을 찾은 적이 없었다. 그런데 이렇게 마이산을 오르니 옛날 산악회 회원들이 생각난다. 높은 산을 오를 때 앞에서 잡아주고 뒤에서 밀어주고 호탕하게 웃으며 올랐던 추억이 새삼 가을을 서걱거리게 한다.

내려가는 계단은 더 길게 뻗어져 있다. 겁나고 두렵다. 군데군데 쉼터가 있어 쉬엄쉬엄 쉬면서 한 발 한 발 내디딘다. 내 삶도 이제는 하행길이니 힘을 빼고 천천히 걸어야 하겠다는 마음은 늘 갖지만 세상에 휩싸인 생활은 헉헉대며 살뿐 손을 놓지를 못한다. 마이산 골바람이 전신에 시원하게 닿으니 뒤엉킨 실타래를 풀듯이 아픈 다리를 깨끗이 낫게 했으면 한다.

자연은 내게 큰 선물을 주었다. 이틀이 멀다 하고 병원 신세를 졌는데 통증이 줄어들어 시원하고 가볍다. 산에서 뿜어주는 산소는 병원 주사보다 약국 약보다 더 훌륭한 치료제가 되었는지 아픔도 마음 따라 변했는지 아팠던 다리가 가볍고 유연해졌다. 인간은 과학을 발달시켜 첨단을 달리고 있다고들 하지만 자연 앞에는 따라갈 수 없는 무의미한 존재인가 생각해 본다. 산등선에 물들인 단풍을 눈에 담고 가슴에도 담았다. 청솔나무에 매달리며 놀던 다람쥐도 전송하듯이 나무에서 주루룩 내려온다.

한 묶음이 된 가을 단풍이 마을까지 뻗어졌다. 춤추고 있는 희숙한 억새도 산자락에 이어 아랫동네까지 내려왔다. 지붕 위에 떠 있는 붉은 감도 하늘을 가리고 다부룩하게 모여 가을을 익히고 있다. 단풍은 내년에도 또 먼 훗날도 끝없이 피고 질 것이다. 여유를 가지고 둘러보니 모두 아름다운 풍경이다. 솔 향기를 담아 내 마음 끝자락까지 파고들어 왔다.

산자락을 뒤돌아보았다. 다시 한번 더 올 수 있는 기회가 있을까 하고 발걸음을 멈추고 맑은 하늘과 곳곳에 머물고 있는 오색 단풍에게 마음을 전한다.

등과 등을 대고

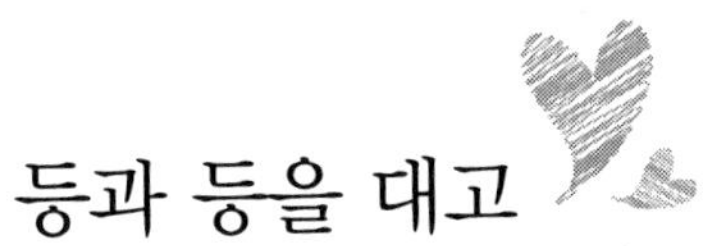

아들을 마중 나온 부산역 대합실이다. 언제 수리를 했는지 깨끗하게 정리정돈되었다. 옛날엔 노숙자들이 곳곳에 앉아 잠을 자곤 했는데 오늘은 그 사람들이 보이지 않는다. 정부에서 좋은 시설에 이동을 시켰는지 의자에 기대고 자는 사람들이 없다. 사람들 말에는 늦은 밤 화장실에 종이 박스를 깔고 자는 몇 명이 있지만 옛날처럼 그렇게 많이 없다고 한다.

그러고 보니 이십여 년 전에 대합실에 앉아 있던 사람들이 생각났다. 서울 아들 집에 가기 위해 막차를 탄 적이 있었다. 밤 11

시가 넘었는데 대합실은 사람들로 꽉 차 있었다. 서서 왔다 갔다 하는 사람과 긴 의자에 앉아 등과 등을 맞대고 자는지 조는지 눈을 감고 있는 사람들이었다.

마지막 열차가 도착했다. 서 있던 사람들은 막차를 타기 위에 빠른 걸음으로 객차 쪽으로 걷는다. 의자에 앉아 있는 사람들은 일어날 기미도 없이 눈을 감고 있다. 객차를 향해 걸어가면서 이상한 생각이 들어 뒤를 돌아보았다. 여전히 등과 등을 대고 미동도 없다. 내가 타는 차가 마지막 열차라고 했는데 또 막차가 있나 하고 시간표를 보았지만 역시 다음 시간표는 없었다. 차 안에서도 그들이 왠지 궁금했다. 어디를 가는 사람들인가, 단체로 여행을 가기 위해 다른 차를 기다리나 하는 생각도 들었다.

지금은 두 시간 조금 넘어 서울을 오가는 열차가 생겼지만 옛날엔 네다섯 시간 넘어야 서울을 갔다. 그날은 네 시간을 달려 새벽에 서울역에 도착했다. 서울역 대합실 의자에도 빈자리 없이 등을 맞댄 사람들로 꽉 차 있었다. "이 새벽에 서울도 사람이 많구나." 생각하고 아들 집에 도착하여 부산역 서울역 이야기를 했다. 아들은 이야기를 다 듣고 그 사람들은 노숙자라고 했다.

뉴스에서 보도한 적이 있는 사람들이었다. 점점 노숙자가 늘어나 정부에서 문제가 심각하다고 했다. 그때는 뉴스를 보고 흘려버렸는데 직접 그 상황을 보니 보통 문제가 아니었다. 무슨 이유로 자기 이름을 두고 노숙자라는 꼬리표를 달고 살아야 할까. 사람들마다 살아가는데 이유 없는 사람이 없으며, 고통 없이 살아가는 사람이 없다. 사람은 누구나 해결할 수 없는 어려운 고민이 있다. 아픈 사람도 그냥 아픈 것이 아니다. 대문을 열고 들어서 보면 사람 사는 것은 다 똑같다. 부자는 부자대로 그들도 나름대로 고민을 안고 산다. 돈으로 걱정이 없으면 자식으로 문제가 있고 자식의 문제가 없으면 또 다른 갈등으로 서로 괴로움을 안고 살아가는 것이 인간이 걸어가는 과정이며 긴 여행길이다.

그런 속에서도 살아가는 것이 존귀한 인간의 삶이다. 고생스럽다고 죽거나 집을 버리고 나간다면 살아갈 사람이 몇 명이나 될까. 더러는 서로 힘을 합쳐 문제를 풀고 괴로운 일이 생겨도 용기를 내어 지혜롭게 일어나는 경우도 있는 반면, 가족을 보살펴야 하는 책임을 회피하고 가정에 손을 놓아 버린 사람도 있다. 인생에 실패했다고 성급히 결론을 내린다면 누가 결혼을 하여 책임지고 살아가겠는가.

생각을 좀 깊이 했더라면 자신을 꾸짖지 않아도 될 것이다. 노숙한다고 해결되는 것도 아니고 오히려 자포자기로 더 깊은 늪 속으로 파고 들어간다. 얼마나 힘들고 괴로운 일일까. 좀 더 깊이 생각하고 깨달으며 추운 겨울에 남의 등 체온을 빌리지 않아도 되고, 가족과 헤어지지 않아도 될 것인데…. 사람이니 순간 잘못한 생각으로 멀리 떠나게 되기도 한다고 하지만 동물의 최고의 자리에 앉은 인간이기에 존귀한 가치를 갖추어야 한다고 생각한다.

시험에 낙방하고 취업에 성공하지 못하고 사업에 실패하는 사람이 한둘인가. 살다 보면 이런 일 저런 일 다 겪고 사는 것이 인생사다. 떠돌이 생활한다고 무엇이 달라지는 것도 아니다. 오히려 집으로 돌아가고 싶어도 기회를 놓치며 영원히 길에서 헤매게 된다. 순간 잘못한 생각이 자기를 버리게 되어도 가족을 생각한다면 노숙자라는 고달픈 길을 걷지는 않았을 텐데 마음이 안타깝다.

남편은 옛날 6·25 전쟁 때 이야기를 한다. 이북에서 피난 온 사람들은 타향에서 노숙을 했다. 1·4 후퇴 때 평양에서 부산까지 걸어왔다고 한다. 폭격 소리를 들으면서 죽은 사람을 보면서 있는 힘을 다해 걸어 또 걸어 부산까지 왔다. 발이 붓고 피가 나도 오직 살아야 한다는 신념을 버리지 않았다. 부산역까지 온 피난민들은 갈 곳이 없어 역에서 이불을 깔고 덮고 노숙을 하면서 보냈다. 그 후 나라에서 피난민이 거처할 곳을 만들어 주었다.

초량 산만디에서 가마니로 벽을 만들어 바람을 막고 비를 막으면서 피난 시절을 보냈다는 이야기를 들었다.

옛날의 보리밥 먹고 어렵고 힘들었던 시절을 잊어버렸다. 고생할 때는 모두가 참고 사는 인내가 있었는데 그 인내도 세월 따라 변하고 말았다. 강한 의지를 논한다면 대한민국 국민에 따를 수 없다고 한다. 선조의 총명하고 굳센 뿌리를 이어온 국민이다. 이런 정신을 이어온 후손인데 강한 의지를 잊고 체념한 노숙자의 행려는 괴롭고 서글픈 일이다. 그들도 누구의 자식이고 남편이며 자식을 둔 부모가 아니겠는가. 가족을 생각한다면 죽도록 괴로워도 가정을 버리지는 않을 것이다.

요즘은 부산역을 단속하는지 깨끗하다. 그 많은 노숙자가 언제부터인지 보이지 않았다. 나라에서 노숙자를 구제하는 시설을 만들어 주었는지 역 광장은 깨끗이 단장이 되었다. 사람이 살다 보면 실패도 하고 성공도 한다. 항상 고개를 숙이고 살지 않는 것이 또 인생길이다. 산을 오르다 보면 다리가 아프도록 높이 올라갈 수도 있고 또는 평평한 길이 있어 쉽게 걸어갈 수도 있다. 인생살이도 산을 오르는 것과 같은 원리로 살아가고 있다. 생활이 어려울수록 인내를 가지고 열심히 살다 보면 어느 날 갑자기 좋은 운이 나타나기도 한다. 그러니 실패하더라도 낙심부터 하지 말고 다시 좋은 운이 온다는 것이 기본이니 힘을 키우면 언젠가는 뜻하지 않은 좋은 기회가 찾아올 것이다. 사람의 운은 한 번으로 끝나는 것이 아니다. 본인 삶에 최선을 다하다 보면 반드시 노력한 사람 앞에 나타날 것이 행운이다.

돈, 돈, 돈

돈! 돈은 숨을 쉬는 생명체가 아니다. 그런데 돈이 인간 삶에 끼어들어 대부분을 차지하며 지배하고 있다. 금수저, 은수저, 흙수저 이것 또한 돈으로 평가한다. 그러니 돈이 주인이 되어 돌고 돌면서 부귀와 권력을 누리는 사회가 되어가고 있다.

돈의 힘이 극치에 닿았다. 언제부터인가 인간은 돈의 노예가 되었다. 직책이 높으나 낮으나 돈 앞에 고개를 숙인다. 돈은 귀중한 물체로써 죽어가는 사람도 살리는 힘이 되었다. 평균 수명이 팔십이라면 병을 고쳐 백 세를 넘본다. 우는 아이도 돈만 보이면 울음을 그치고, 뱃속에 있는 아이도 돈을 보고 태어난다는 우스갯말이 생겼다. 그만큼 돈은 인간에게 필요한 물건이 되어 최고의 자리에 앉아 인간의 권리까지 파고들었다.

사랑을 최고로 논하는 사람들이 있지만 뿌리 없는 가치다. 배고프면 무슨 힘으로 사랑을 지탱할 수 있겠는가. 돈이 없으면 사랑도 흘러가는 강물과 같다. 옛날의 부부는 어려운 환경 속에서도 서로 신뢰하고 의지하면서 살았다. 하지만 지금 젊은이들은 대부분 돈으로 사랑을 저울질한다. 살다가도 살림이 어려워지면 견디지 못하고 떠나는 얄팍한 사람이 많아지는 현대가 되었다.

아들 중심의 시대에 태어난 내 친구는 엄청난 부잣집 딸이었다. 아들들에게는 빌딩이니 땅이니 많은 재산을 물려주었다. 그러나 서울 일류 여대를 나온 친구에게는 이층집 한 채만 주었다고 한다. 그때는 부모님이 주는 대로 집 한 채에 감사히 받았다. 살다 보니 오빠와 비교하게 되었고 그녀는 종종 하소연했다. 서운한 마음으로 친정에 가면 안방에 드러누워 "나도 밀가루 반죽하여 남자로 만들어 주고 오빠처럼 빌딩 하나 주세요." 하면서 뒹굴며 울어도 아무 소용없는 일이었다고 섭섭한 웃음을 지었다. 불과 오십 년 전 일이었는데 억울하다고 가끔씩 만나면 속내를 털어놓고 친정 이야기를 한다. 지금 태어났다면 똑같이 받았을 텐데 그때는 나라 정책에 어쩔 수 없는 일이었다. 재산분배를 소급할 수 있는 법이 지금이라도 생겼으면 좋겠다고 지난 세월을 기억하고 털어놓고 쓴웃음을 지었다.

현시대는 남녀 구별 없이 평등한 가치에 살고 있다. 통신의 힘으로 정보화시대가 열리고 교육 수준이 높아지면서 성별의 차이가 없어지고 집안에서도 오늘과 내일을 바라보는 디지털 문화로 바뀌어졌다. 여자도 대통령이 될 수 있고 국회의원도 될 수 있으며 직장 직위도 높이 올라갈 수 있는 사회가 되었다. 봉급도 같이 받을 수 있는 21세기다. 이제는 아들과 딸을 구별하는 의미는 없어졌다. 부모의 유산도 아들딸 구별 없이 일대일로 똑같이 물려받는 시대에 도달했다.

그러나 교육문화는 옛날이나 오늘날이나 크게 달라지지 않았다. 교육이라는 테두리 안에서 인간의 능력을 높이는 사회가 되었다. 높은 교육을 받은 사람은 대부분 높은 지위에 앉아 연봉도 많이 받지만 그렇지 못한 사람은 하루 종일 일을 해도 시급 차이가 난다. 그러니 일류대학을 가겠다고 노력하여도 그것 또한 돈이 있어야 가능한 사회다. 특히 빈부 차이가 교육에 많이 나타난다. 돈은 사립학교와 사교육으로 힘을 키워간다. 달리기를 하면 돈 있는 자녀는 저 멀리 앞에서 뛰고 있다. 가난한 자녀는 힘을 다하여 뛰어도 앞서 뛰는 사람을 따를 수 없는 현실이다. 돈 많은 사람들은 학교 수업 외 과외수업을 더 많이 시킨다. 수학, 영어는 기본이며 또 다른 과목까지 몇십만 원씩 아니 몇백만 원도 들인다. 그러니 어찌 돈 많은 자녀들을 따라갈 수 있겠는가.

돈은 어떻게 움직이고 있는가. 돈이 돈을 태산같이 모으고 있다. 돈만이 할 수 있는 능력이고 힘이다. 돈이 없으면 돈을 보고도 돈을 놓치고 만다. 돈 많은 사람은 아파트를 사들이고 증권에 투자하여 큰돈을 벌기도 하지만 밑천 없는 사람은 그림의 떡이고 잡을 수 없는 구름이다. 꿈속에서 기와집만 짓다가 마는 것이 빈곤의 꿈꾸는 모래성이다.

옛날에는 개천에서 용이 나온다는 말이 있었지만 지금은 그것마저도 뜬구름이 되어 흘러갔다. 사법고시도 없어졌다. 거기다가 재산이 없으면 용을 꿈꾸기에는 하늘의 별 따기가 되었다. 빈부 차이가 뚜렷하게 드러난 지금에 살고 있는 젊은이들은 더욱 어려운 세월을 살 것 같다. 부모의 재산이라도 있으면 그나마 살기가 좀 나을 것이지만 그렇지도 못한 사람은 빈 깡통을 이리저리 굴려야 될 판이다. 소도 언덕이 있어야 비빈다고 했다. 힘든 세상에서 살아가야 되는 젊은이들이 안타깝다. 앞으로 점점 경제가 어렵다는데 돈 없는 후세들의 살림은 죄 아닌 죄가 되어 고개를 숙이고 땅만 볼 것이다.

사람들이 돈을 향해 달려간다. 있는 힘을 향해 죽을힘까지 내면서 높이 있으면 높이 뛰고 깊은 곳에 있으면 땅속까지도 파고 들어 간다. 돈의 노예가 되어 돈, 돈, 돈 하면서 따라다닌다. 참으로 서글픈 일이지만 이것이 현실이니 어찌할 것인가.

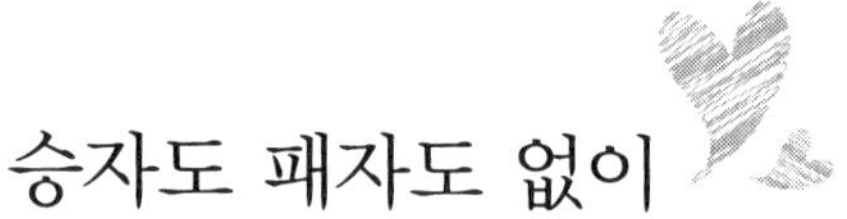

승자도 패자도 없이

새벽 동이 희미하게 튼다. 구청 담벼락에는 두 대의 버스가 탑승자들을 태울 준비를 하고 있다. 버스 한 대에 사십 명씩 모두 팔십 명이다. 강원도 최전방 양구군으로 나라 사랑 안전교육을 떠나는 날이다.

일행을 태운 버스는 일곱 시간을 달려 양구군 해안면에 도착했다. 6·25 당시 전쟁의 격전지였던 양구군이다. 우리나라 국토 정중앙에 있으며 인제군 원통보다 더 북쪽으로 올라가 이북과 맞닿아 있는 지역이다. 해안면에서 간단한 점심 식사를 마치고 전쟁

기념관이 있는 펀치볼에 들어섰다. 양구군은 지형이 화채 그릇처럼 둥글면서 오목하게 파였다 하여 어느 미군 병사가 펀치볼이라는 이름을 지었다는 기록이 게시판에 나열해 적혀 있다.

전쟁의 무기들이 곳곳에 세워져 있다. 뉴스나 책에서 간간이 볼 수 있는 총알들이 유리 상자 속에 소복이 쌓여 참혹한 실상을 드러내었다. 그때 싸우다 멈춘 큰 대포가 옛 병사의 때 묻은 손길로 주인 없이 외롭게 홀로 서 있었다. 전차도 뚜껑이 열린 채 큰 덩치로 달리다 멈추고 있으며, 폭격을 맞아 떨어진 공군 비행기도 날개가 부서져 옆으로 비스듬히 숨을 거둔 채 누웠다. 대한의 아들과 여러 나라에서 참전한 용사들이 죄 없이 이슬로 사라진 비극의 현장을 실물로 드러내고 있었다.

피 흘린 전사들의 울부짖는 소리도 귓전에 맴돌았다. 전쟁이 멈추어 진지가 칠십여 년이 흘렀는데도 어디선가 총소리가 들리는 것 같고 군인들의 울부짖는 소리도 골바람을 타고 흘러 퍼지는 것 같았다. 나라를 지키기 위하여 목숨을 버린 병사의 흔적들이 참혹한 자국으로 곳곳에 남아 절박함을 나타내고 있다.

병사들이 치열하게 싸웠다는 현장에 들어갔다. 총알받이가 되어 용감히 죽어간 국군들이 높고 깊은 산줄기에서 이슬로 사라진 골짜기였다. 한 맺힌 병사의 영혼은 핏물로 산을 적시고 말없이 죽어간 넋은 양지바른 능선에 잠들었다. 수십 년 동안 녹슨 철모를 쓰고 있는 비목도 그때 그대로 서 있다. 피로 물들인 땅에서 돋아난 구슬봉이라는 꽃도 그때처럼 이슬을 먹으며 봄을 맞이하고 피어났다. 눈물로 미아리고개를 넘고 조국을 위해 목숨 바쳤다는 곳이었다.

비무장 골짜기에는 아직도 지뢰가 묻혀 있다고 한다. 군 초소의 허락을 받아 간신히 한 사람이 걸을 수 있는 길을 따라 들어갔다. 도토리나무, 아카시아나무, 뽕나무들이 우거져 앞이 안 보일 정도로 깊은 산골짝이다. 그 속에서 서식하는 동물들의 울음소리에 일행은 서로 딱 붙어 걸었다. 사람의 발걸음 소리에 새들은 목청을 높이고, 청설모들은 이 나무 저 나무를 널뛰듯이 달리고 있었다. 나뭇가지 사이로 군 막사들이 한두 채 보였다. 시멘트 막사 벽에는 총알 맞은 자국들이 뚜렷이 남아 허물어진 채 전쟁의 상흔을 보였다. 주인 없이 텅 빈 막사는 총알구멍에 소총만 끼워져 있고, 푸른 나뭇잎으로 둘러싸인 철모도 누구의 것인지 콘크리트 지붕 위에 덩그러니 놓여 있었다. 계속 걸어가니 높고 높은 산 능선이 보였다. 하늘과 맞닿은 산이다. 산 너머는 이북의 땅이라고 안내원이 설명했다. 산 하나를 두고 갈라선 나라의 비극이 이곳 투다연 연못 속에 영원히 묻혔으면 한다. 전쟁으로 목숨을 잃은 병사들의 넋도 물줄기를 따라 고향을 찾아갔을 것이다.

일행은 또 다른 이북 만행을 시찰했다. 1990년 3월에 발견된 제4땅굴을 둘러보게 되었다. 좁은 입구를 통해 들어간 곳은 비무장지대의 밑으로 파 내려온 땅굴이다. 높이는 어른이 서서 다닐 수 없도록 낮았고 넓이는 한 폭도 채 안 되어 보였다. 유리로 만들어진 전동차는 스무 명씩 탈 수 있었다. 한 줄에 한 명씩 이십 명을 태운 전동차는 레일을 따라 비무장지대 깊은 땅굴 속으로 달리다가 다시 돌아오게 되어 있었다. 참 기막힌 좁은 굴이다.

갑자기 그들의 뒤엉킨 삶이 눈앞에서 서걱거렸다. 허리를 펴지 못하고 굴을 뚫을 때 고통은 누구의 지시이며 또 누구를 위하여 뼈 깎는 아픔으로 시달림을 받았을까. 이 생각 저 생각이 들자 세찬 바람이 가슴에 닿아 솟구치고 그들의 고통이 안쓰럽고 불쌍해졌다. 얼마나 많은 고통을 겪었을까. 서지도 못하고 굽어진 형체의 자세로 굴을 팠다고 생각하니 갑자기 미움보다 동정이 앞섰다. 까닭 없이 두더지처럼 굴을 판 그들은 무엇으로 보답을 받았을까. 같은 동포로서 마음이 답답하고 침울해졌다.

펀치볼 마을의 참혹했던 전쟁터가 예전의 비극을 잊고 고요했다. 언제 전쟁이 있었나 할 정도로 평화로웠다. 후방의 마을같이 평안하고 온화한 마을이다. 면사무소를 중심으로 학교도 있었고 식당도 있었다. 마을 사람들도 평화로워 마음에 삶의 터전에 충실히 살아가는 것 같다. 군인들의 영혼이 노래 한 가락에 쉬었다 갈 수 있는 노래방도 보였다.

다시 철조망이 있는 휴전선 평화의 집에 닿았다. 우리 쪽도 군인들이 보초를 서듯이 그들도 보초를 서고 있다. 망원경으로 이북의 밭이 보였다. 누군가가 농사를 짓는지 채소가 가꾸어져 있다. 어디나 사람 사는 것은 똑같은 것 같은데 어찌하여 철조망에 묶이어 원수 아닌 원수로 서로를 비방하며 살아가는 민족이 되었는지 비극의 나라이다.

승자도 패자도 없이 중단된 전쟁이 영원히 멈추기를 바란다. 이 땅에 다시 전쟁이 없기를 바라면서 일행은 뻗어진 강원도 해안도로를 따라 내려왔다. 동해 바다는 6·25 비극을 아는지 모르는지 그저 평화롭기만 하다.

민주평통 단체는 나라 사랑 안전교육을 끝내었다.

회화나무가 서 있는 마을

봄비가 자주 온다. 풍년이 오려나 보다. 마른 땅을 축축이 적셔주니 애타는 농부 가슴에 풍년이 든다.

경상북도 성주 한개마을로 문학 기행을 떠나는 날이다. 봄장마 비처럼 며칠 동안 계속 내렸다 멈췄다를 하는 우중에 일행들은 버스에 올랐다. 새벽안개가 앞을 가렸지만 봄의 전령에 창밖 풍경은 새로운 빛으로 보였다.

관광버스 기사는 오십 초반의 여자 운전사였다. 보통 버스 기사는 남자 운전사가 많은데 내가 탄 버스는 여자 기사다. 빗길에 여자의 힘으로 괜찮을까 염려를 했는데 눈치 빠른 기사는 본인 경력을 털어놓았다. 20년 무사고 운전을 하고 있다고 은근히 본인 자랑을 하면서 여행자를 안심시켰다. 그녀의 자신 있는 운전은 빗길을 뚫고 목적지까지 무사히 도착해주었다.

영취산 줄기는 병풍처럼 한개마을을 둘러쌌다. 비구름이 산허리를 감싸 안았고, 안개 속에 감춰진 회화나무 잎들은 조용히 빗물을 털어내고 있다. 빗길을 따라 한개마을 안으로 들어서니 방문객을 맞이하는 천하대장군과 지하여장군이 반가이 맞아준다. 시골 마을인데도 한양 북촌에서 본 것 같은 웅장한 고택들이 즐비했다. 옛 건축 설계인가, 멋지게 지은 기와집과 차곡차곡 쌓아 올린 토석담 길은 옛 과거로 돌아가 걷고 있는 것 같다.

한개마을은 조선 초기 성산이씨 이우가 들어와 살면서 집성촌으로 이루어졌다. 여러 종택이 성주 터에 역사로 남아있는 가운데 그중 응와종택을 중심으로 자리 잡았다고 상세하게 기록되어 있다. 응와종택을 들어서면 대문채, 사랑채, 북비채, 사당, 안채 등이 있으며 북비고택으로도 불리었다.

북비채는 영조대왕 때 사도세자를 호위하던 무관 이석문이 거주하던 곳이다. 사도세자가 뒤주 속에 있을 때 그가 세손을 업고 "부자의 상면은 하늘의 뜻이라 임금도 막을 수 없다."라고 하면서 문을 밀치고 들어가려 하다가 영조의 분노를 샀다. 그는 세손과 사도세자를 만나게 한 죄로 곤장 50대와 함께 파직을 당했다. 그 후 고향으로 내려온 이석문은 사도세자의 죽음을 애도하여 한양을 바라볼 수 있는 북쪽으로 사립문을 내고 아침저녁으로 절을 올렸다는 곳이 북비고택이다. 푸른 북비 현판은 긴 여정으로 그 집의 의미와 역사를 살려내어 문틀 위에서 퇴색되어 걸려 있다. 대청마루와 툇마루까지 훌륭하게 보존되어 과거를 나타내었고, 안쪽 사랑채 축담 위에는 도령 신발이 나란히 있으며 글 읽는 소리도 우렁차게 흘러나올 것만 같은 형식이다.

지맥을 역행한 북문은 찬바람이 들어오고 가운이 기울어진다는 풍문이 있다. 그래서 옛날이나 지금이나 사람들이 꺼리며 거절한다. 사도세자의 그리움에 북문을 만든 이석문의 북비고택은 소박하고 초라해 보이지만 한 신하의 충심이 담긴 공간으로 지금까지 기록되고 있다.

기운을 준다는 회화나무가 대문 앞에 심어진 종택도 있다. 팔월에 가지가 휘어질 정도로 황백색 꽃이 번성하게 핀다. 수형도 아름답고 품격도 깨끗하여 벌레가 잘 생기지 않으며 스스로 아름다움을 간직하는 행운의 나무다. 대문 앞에 우뚝 선 회화나무는 집으로 들어오는 악귀를 없애주며 그 집의 자식이 훌륭하게 자라서 큰 인물을 만들어 준다는 전설도 있다. 그래서 선비나무라고도 한다.

마을 주변을 돌았다. 돌과 흙으로 자연을 살린 한옥에는 나무를 깎아 사각으로 세운 기둥 위에 기와와 용마루와 처마까지도 웅대하게 지어져 있었다. 튼튼이 보이는 초가집도 옛 모습 그대로 짚과 흙으로 나무 기둥을 둘러 내벽을 세웠다. 넓적한 돌과 둥글둥글한 돌은 토양에 업혀 낮은 외담을 쌓으니 고향 집의 토담과 같았다.

새 짚으로 단장된 초가집도 여러 채가 있어 서민 생활을 재현시켰다. 부엌에 들어서니 아궁이 위에는 가마솥이 걸려 있으며 불을 피우는 장작이 귀퉁이에 소복이 쌓여 있다. 옆 곳간에는 쌀가마니가 차곡차곡 놓여 있고 벽에는 농사에 필요한 채와 곡괭이, 호미, 길마가 손때 묻은 채 걸려 있다. 옛 조상의 살림살이를 고스란히 살려놓았다.

선석산 기슭에 거북 모양의 낮은 산이 있다. 거기에는 조선시대 세종대왕의 왕자들 태 무덤이 자리했다. 원손인 단종을 비롯해 적자인 여덟 명의 왕자와 후궁에서 태어난 열 명의 대군들 태 무덤이다. 모두가 탑을 이루고 있었다. 무덤 뚜껑은 돌로 만들어 산사의 석탑과 같았다. 그중에 다섯 왕자의 태실은 세조 왕위 찬

탈에 석물이 파괴되어 남아 있지 않고 받침대 대석만 그들의 혼을 담아내었다.

성주 한개마을은 터가 명당이라 인재가 많이 태어났다고 한다. 지금도 대학 수험생이나 취직을 바라는 청년들이 찾아와 동네를 한 바퀴 돌면서 소원을 빌고 간다. 명당 길을 걸으면서 좋은 기를 받아 합격을 바라는 마음이다. 그래서인지 성주에서 자란 참외도 명품이 되었다. 성주참외는 다른 곳보다 풍성하게 자라며 단맛도 월등히 좋아 전국에서 알아주는 명품 브랜드로 성장했다.

성주 한개마을에는 매년 축제가 열린다. 성산이씨 후손들은 조상의 뿌리를 지키면서 왕자들의 태 무덤 기념으로 생명문화축제와 더불어 브랜드가 된 성주참외로 관광객을 불러들인다. 한개마을 명당은 사람만 인재를 낳은 것이 아니라 식물에게도 특품을 만들어 전국 곳곳에서 선호하는 명품 참외가 되었다.

선비들이 걸어 다녔다는 삼거리 길목에 섰다. 우중에 우산을 벗었다가 입었다가 하면서 사방에서 뿜어내는 기운을 얻는다. 흙길은 변하여 시멘트 바닥이 되었지만 그때의 그 자리는 그대로 있다. 고택 앞에 선 회화나무도 세월을 묻고 생명을 유지한 채 여행객들을 불러들이고 있다.

| 작품 해설 |

긍정의 시학, 발효의 세월

정 영 자

긍정의 시학, 발효의 세월

정영자
문학평론가, 한국문인협회 고문

한 세월을 소담하게 살아오면서 어렵고 추운 계절을 견뎌왔던 삶의 하루하루는 참으로 의미롭다. 단어 하나로 이름 지을 수 없는 다양한 즐거움과 아픔을, 그리고 열정과 보람을 안겨 주었다. 때문에 살아왔던 삶의 공간과 시대는 살아 온 자의 역사요 현장이다. 수필은 지난한 역경과 사랑과 가치의 중심을 찾아 노력한 자의 글쓰기의 텃밭이 되고 시원한 들판을 가꾸어 가는 문학치료의 바탕이 된다.

삶의 무게만큼 세월의 공간만큼 수확한 자의 풍성한 이야기가 남아 있고 여기에는 동행한 자들의 이야기와 웃음과 기다림이 함께한다. 이 수필집은 슬픔과 어려움을 겪으며 오늘을 만들어 낸 수필가 정행심이 사회를 향한 감사를 거듭하고 있는 자서전이라고 말할 수 있다.

그는 늘 푸른 눈이 매력적인 사람이었다. 우리 집 아이들이 학업 때문에 지치고 나는 일 때문에 지쳐 갈 때 찾았던 부산 광안리의 불고기 맛집 '진미언양불고기'는 당대 최고의 맛집이었다. 아이들이 지금도 서울서 내려오면 제일 먼저 찾아가는 식당이다.

이곳의 여사장님이 정행심 수필가다. 그를 알고 맛 때문에 찾아가던 날의 그는 기막히게 맛있는 김치찌개의 명인이었고 그 맑고 푸른 눈으로 사람을 맞이하는 조용히 눈만 웃고 있는 여인이었다.

그런 그가 나도 모르게 2016년 ≪영호남문학≫ 신인상 수상으로 수필가, 2017년 시인으로 등단하였다. 깜짝 놀랐지만 그녀의 유전자에는 통제영 300년의 역사와 예향 통영의 예술적인 끼가 남아 있었다. 친가 할아버지의 문장을 이어 남해의 푸른 바다가 그의 역사를 발효시키며 삶의 변곡점을 찍으며 내재된 사연을 표현할 수 있는 조용한 열정을 키워준 것이다.

그동안 30년 역사의 (사)부산여성문학인회 문학계간지 ≪여기≫의 작품상, ≪영호남문학≫ 작품상을 받으며 짧은 문단 경력에도 작품성을 인정받았다. 금년에 부산문화재단으로부터 작품집 발간 지원금을 수혜하여 첫 수필집 『고맙소이다』를 발간하게 되었다. 열심히 공부하고 틈틈이 생활인으로서 창조적인 글쓰기에서 얻어진 결과이다. 만학도의 꿈을 키우며 칠순의 나이에 동의과학대학교 양조발효과를 졸업한 저력은 그의 삶이 성공으로 기울일 수밖에 없는 당위성을 부여한다.

그의 수필은 생활에세이다. 살고 사랑하는 지금 여기의 공간과 시간을 담으며 감사의 옷깃을 여미는 그의 긍정적이고 생산적인 모습은 소박, 담백, 진솔한 언사로 풀어지고 돌아본 세월의 의미는 사회와의 소통, 비판, 위로와 감사함으로 가득하다. 여기에는 가족관계, 이웃과 사회봉사활동의 소회가 나타나며 모든 수필의 마무리는 '고맙소이다.'로 끝나는 궁극적인 표현, 감사의 물결이다.

1. 고맙소이다

모든 스트레스의 골은 감사하다는 단 한마디의 진정한 회향에서 환희의 순간으로 변한다.

> 남편은 아홉 시가 되면 아침밥을 해놓고 "밥 먹자." 하고 부른다. 수저를 나란히 놓고 미역국, 소고깃국, 때로는 된장찌개에 여러 가지 국으로 매일 바꾸어 가면서 끓인다. 어느 주부가 이렇게 잘할 수 있나 싶다. 밥은 혼합밥이다. 된장도 잘 끓인다. 호박, 두부, 가지도 넣어 끓여낸다. 간도 짜지 않고 싱겁지도 않으면서 구수한 된장 맛을 낸다. 언제 배워 두었는지 생선도 잘 졸인다. 손자 말대로 할아버지는 정말 최고의 요리사가 되었다.
> (중략)
>
> 이제는 밥상을 차려주면 먹고 안주면 안 먹게 된다. 무엇이 어디에 있는지 몰라서도 못 먹는다.
>
> 짜도 고맙소이다, 싱거워도 고맙소이다, 하고 먹는다.
>
> —「고맙소이다」에서

수필가 정행심은 이야기꾼이다. 눈만 웃던 그녀가 이러한 풍부한 이야기 소재를 가지고 있었다. 그 발효의 세월이 그의 내공을 깊고 넓게 한 것이다. 수필에서 놓치면 안 되는 위트와 유머가 넘쳐나면서 흉보듯 표현하고 있는 작가의 능청스러움도 수필적 재미를 배가시키고 있다.

새벽부터 주방에서 나는 물소리로 아침을 깨우는 팔순이 넘은 남편의 놀이터가 되고 창조적 공간이 된 주방은 지아비의 끝없는 아내 사랑이요, 손자에게도 인정받는 현대적 남성상으로 어필되고 있다. 은근히 자랑하듯 흉보듯 세밀하게 표현된 수사적 진술은 독자들의 웃음과 함께 공감의 폭을 넓히고 있다.

부군인 석 사장은 피난민으로 실향민의 한 사람이지만 그는 어려운 시기 외항선을 타면서 가정 경제를 일으켜 세운 입지전적인 인물이다. 완고하고 빈틈없는 분으로 젊은 시절부터 식당의 모든 재정권을 장악하며 위층에서 훤히 식당의 일을 관리하는 엄중한 입장에 있었다. 그런데 수십 년 세월에 부군도 서서히 바뀌어 지금은 부엌을 점령한 남자가 된 것 같다. 오죽했으면 "내 팔자가 이렇게 좋아질 줄은 꿈에도 생각 못 했다. 사람 팔자 시간 문제라더니 결혼하여 오십 년을 넘게 살다 보니 내 팔자가 늘어졌다. 만고강산에 나 같은 팔자가 있으며 나와 봐라 싶다. 우리 집 며느리도 마찬가지다. 시집이 이렇게 편하면 누가 시부모 흉을 보고 욕을 하고 미워할까."라고 외치고 있겠는가.

코로나 세월을 남편의 설거지 방법까지 소개하면서 위생적이고 철저한 가정 관리사로서의 부군을 돋보이게 하고 있다. 오랜 기간 남편시집살이에도 그의 눈은 그냥 웃었을까, 바닷빛으로 출렁거렸을까, 어쩌다 만나지는 부부는 남인 듯 혹은 오랜 친구인 듯 궁합이 맞고 행복해 보였다. 20여 년 전 필자는 이 부부의 막내아들을 서울까지 가서 주례를 한 인연이 있다.

"이제는 밥상을 차려주면 먹고 안주면 안 먹게 된다. 무엇이 어디에 있는지 몰라서도 못 먹는다. 짜도 고맙소이다, 싱거워도 고맙소이다, 하고 먹는다."

세월 속에 발효된 구경적인 행복의 찬탄이 거듭 감사의 탄성을 기도처럼 하고 있다. 어쩌면 오늘이 있기까지 변화되어 가는 가족, 친지, 이웃, 단골손님에게 보내는 감사의 수필집이라고 말할 수 있다.

> 문을 열고 보니 한 팀도 없어 공치는 날도 있었다. 이것이 현실이고 삶의 전쟁터였다. 현실에 깨어나 비탈길을 기어오를 때가 한두 번이 아니었고, 손님이 없으면 쓰리고 시린 가슴도 다독여야 하고 손님이 많으면 손에 물 마를 시간 없이 일에 매달려야 했다. 하나에서 열까지 무엇을 넣어 끓이면 맛있는 반찬이 될까, 어떤 신선한 재료를 써야만 좋은 맛을 낼 수 있을까, 쉴 틈 없는 고민과 정성의 과정으로 맛의 승부에 도달하였다. 낮과 밤을 오가며 연구하고 창작한 덕에 오이 하나를 가지고 열 가지 요리를 할 수 있는 요리사가 된 것이다. 이런 긴 세월

의 고난 끝에 전문 집이 되어 손님 입맛을 맞추게 되니 세월도 친절을 베풀어 내 무딘 인내를 덮고 인정하였는지 맛집에 노포老鋪라는 깃발도 달아주었다.

—「감사 가방」에서

요식업에 대한 노하우를 오랜 경험을 통하여 말하고 있는 작가의 요점은 정성과 인내, 친절과 감사라는 기본이 있어야 된다는 것이다. 식당 경영의 노하우를 직접 읽을 수 있는 지침서가 될 것이다.

수술이 잘되어 아픔이 나아 다리의 건강이 무럭무럭 익어간다. 지팡이에 의지한 다리는 혼자 일어서기도 하고 앉기도 한다. 괴롭히던 염증이 없어졌는지 큰 통증도 잦아졌다. 남의 눈을 피해 다녔던 큰길도 이제는 보란 듯이 용감히 걸어 다닌다. 건널목 신호가 깜빡깜빡하면 뛰지를 못해 다음 신호를 기다렸던 시절은 옛날로 흘려보내고 깜빡거리는 신호에도 뛰듯이 자신 있게 걷는다.

3분을 걷지 못해 쉬었다 걸었는데 지금은 30분도 쉬지 않고 걸어가곤 한다. 아이가 태어나 신기한 첫걸음에 넘어져도 일어나 또 걸어보고 또 걸어보고 하듯이 나도 걸어보고 또 걸어보고 한다. 이대로 이만큼만 좋아져도….

더도 덜도 말고 지금처럼 걸어만 준다면 이생에 무엇을 더 바랄까.

—「무엇을 더 바랄까」에서

아파 본 사람만이 건강의 소중함을 절감한다. 평생을 일하면서 살아왔기에 이 시점에서 다리가 아파 걷지를 제대로 못하고 밀려오는 일 때문에 수술 날짜도 잡지 못한 세월에 수술을 하고 걷는 기쁨의 과정을 담담하게 표현한 이 수필은 지금처럼 걸어만 준다면 이 생에서 무엇을 더 바라겠는가의 감사를 올리고 있다. 작가의 생각은 우주만상의 법칙과 운용이 다 감사함으로 짜여 있다.

2. 힘의 버팀목, 가족

여섯 살짜리 큰아들이 "아빠, 가지 마." 하면서 옷자락을 잡는다. 남편은 아이를 덥석 들어 안아준다. 가슴에 매달려 떨어지지 않으려 하는 아이를 안은 채 소곤거린다. "엄마 말씀 잘 듣고 동생들하고 잘 놀아." 하고 간신히 부두에 내려놓고 빠른 걸음으로 배를 향해 걸어간다.

큰아들이 전 같지 않게 울먹거린다. 아빠가 배를 타고 멀리 간다고 해도 그냥 '바이바이' 하고 돌아서면 그것으로 끝났다. 그랬는데 이번에는 자꾸 눈물을 흘린다. 조금 컸다고 철이 들었나 보다. 지금 가면 일 년이 되어야 온다는 것을 눈치채었는지 옷자락을 잡고 놓지를 않았다. 아빠도 마음이 괴로운지 뒤돌아보지 않은 채 배를 타자마자 안으로 들어갔다.

―「배꽃이 피었다」에서

젊은 지아비, 아빠로서 바다를 가르던 그 날의 남편 머리는 하얗게 배꽃이 피고 어린 아들도 오십이 되는 가족사는 외항선을 타던 날의 영상을 돌려놓은 것 같고 한국사의 한 획을 긋는 시대적 산업역군으로서 어필되기에 울림이 있는 수필이다. 미셀러니는 주관적 감상적인 글이지만 진정성을 담보로 공감의 폭을 넓힌다.

엑스레이를 찍어 보듯 환히 보이는 얼음 속 조릿대는 푸른 그 자체에 뼈가 중심이 되어 기둥 역할을 하고 서 있었다. 투명하며 반짝이는 옷은 칼날같이 뾰족하니 길렀다. 그들은 센 바람에도 비틀어지지 않았으며 흔들림도 없었다. 맡은 업무에 최선을 다하는 굳건한 군인 같았다.

나열한 조릿대 병정들을 보니 내 아들들의 군 생활이 떠올랐다. 아들 셋에 둘째는 남편이 제대한 해군에 입대하고 제대했다. 큰아들과 막내는 육군에 복무했다. 면회를 한 번씩 가면 군인들이 훈련하는 광경을 보게 된다. 푸릇푸릇한 바탕에 희끔희끔한 무늬의 군복을 입고 상사의 호령에 따라 좌향좌, 우향우의 함성에 발과 손을 맞춘다.

—「조릿대 병정」에서

나는 아들들과 말다툼을 자주 한다. 아직 살아 있다는 증명을 내세우고 싶은 심정인지 강한 주장에 잘 싸운다. 숨 쉬고 있다는 징표를 꼭 밝혀야 속이 시원한지 네가 옳니 내가 옳니 하다 보면 또 문제가 되어 의견 충돌을 한다. 나의 시대는 지났다고 생각하지만 마음은 아직도 젊었는지 주장을 내세운다. 그러면 시비의 엇박자를 내고 시큰둥한 얼굴색에 입이 툭 튀어나오면서 휭 돌아서 자기네 집으로 간다. 그래봤자 며칠 있으면 또 아무 일 없이 와서 웃을 걸.

—「늘 그 자리에」에서

대둔산 등산길에서 눈을 쓰고 앉은 조릿대의 의연한 모습을 병정으로 보고 아들 셋을 군대로 보낸 이 땅의 어머니로서의 보람과 긍지를 절절하게 표현하여 아들이 집으로 보낸 일반인 옷의 회송으로 눈물짓는 글이 아니라 씩씩한 이 땅의 군인으로서 당당하게 격려하는 강한 어머니의 상을 모범적으로 표현한 글이다. 그의 글이 긍정적이고 창조적인 것은 곳곳의 문장 속에 자연스럽게 묻어나고 있다.

내 유년에 사하라태풍이 굉음과 함께 몰아쳤다. 인재도 아닌 자연 재앙의 거센 쓰나미가 강렬하게 밀려와 어촌마을을 갈기갈기 찢어 놓고 쓸어갔다. 태풍은 어촌마을을 통째로 먹어치우고 모든 어장도 파괴시켰다. 집터에는 기둥뿌리와 지푸라기 하나 남지 않은 텅 빈 터에 큰 돌멩이와 작은 돌멩이 같은 자갈과 모래로 쌓였다. 살아남은 사람들은 괴상망측한 태풍에 넋을 잃은 채 빈 집터만 바라볼 뿐이다.

태풍에 집을 잃은 사람들은 천막생활을 했다. 그 속에서 할아버지는 몸이 쇠약해지면서 아프시기 시작했다. 그러다가 어느 날 갑자기 운명하셨다. 마지막 가는 날에는 반듯하고 따뜻한 안방 대신 싸늘한 천막에서 어머니 손을 움켜쥐고 어두운 심연 속으로 떠나셨다. 꽃상여도 없이 초라한 목木상여에 몸을 맡긴 채 허옇게 울렁이는 바다와 함께 길을 나셨다.

—「흘러간 바다」에서

할아버지의 바다를 회상하는 시점은 멸치 어장막의 풍경과 유년에 사하라 태풍에 어촌마을은 통째로 날아가고 천막생활을 할 수밖에 없던 가난과 슬픔의 세월이었다. 그러나 작가는 「흘러간 바다」에서 멸치 어장막의 독특한 풍경을 세밀하게 표현하면서 통영이 고향이던 할아버지의 가계와 일제강점기에 일본인과 겨루며 사업을 했지만 결국은 그들에게 모든 것을 빼앗기고 남해로 이주할 수밖에 없었던 할아버지의 삶을 조명하며 시대와 싸우고 일제에 저항하며 문장을 드높이던 할아버지의 기백을 복원하여 손녀로서의 당당한 선조를 호명하고 있다. 거대한 역사는 잔잔한 우리들 개인의 삶이 모여서 만들어지는 것이고 우리는 각자 집안의 내력과 자부심을 글을 통하여 보존할 수 있는 것이다.

뿌리 없는 가정의 철학은 역사와 혼이 담긴 가정의 철학적 성공을 뛰어오를 수 없다. 필자는 「흘러간 바다」를 읽으며 손녀가 할아버지의 사업적인 포부를 계승한 효심으로 흐뭇하게 생각하며 더욱 봉사활동과 선한 일에 참여하는 모습을 보고 있다.

3. 만학도의 보람, 조국, 사회 비판, 위로, 통일기원, 봉사, 탄소중립

하늘을 바라본다. 하고 싶은 계획은 태산이다. 내 머리에 잠자고 있는 녹슨 뇌를 소낙비가 깨끗이 씻어 한 마디를 들으면 두 마디를 알아듣고, 두 마디를 들으면 네 마디를 기억할 수 있는 총명한 지혜가 따라주기를 바랄 뿐이다. 그것도 나의 희망이겠지만 열심히 하다 보면 반의반이라도 충전이 되지 않을까 기대를 걸어본다. 가랑비에 옷 젖듯이 언젠가는 기억이 새록새록 솟아나 밝은 글눈을 틔우지 않을까 하는 마음이다. 그리하여 마음에 걸린 거미줄을 거두어내고 그 자리에 튼튼이 익힌 지식과 지혜를 채울 것이다. 내 절뚝거리는 걸음이 부지런히 걸어간다. 강의실 책상 위에 놓인 크고 두꺼운 책을 향해.

—「거미줄을 걷고」에서

돈의 힘이 극치에 닿았다. 언제부터인가 인간은 돈의 노예가 되었다. 직책이 높으나 낮으나 돈 앞에 고개를 숙인다. 돈은 귀중한 물체로써 죽어가는 사람도 살리는 힘이 되었다. 평균 수명이 팔십이라면 병을 고쳐 백 세를 넘본다. 우는 아이도 돈만 보이면 울음을 그치고, 뱃속에 있는 아이도 돈을 보고 태어난다는 우스갯말이 생겼다. 그만큼 돈은 인간에게 필요한 물건이 되어 최고의 자리에 앉아 인간의 권리까지 파고들었다.

사랑을 최고로 논하는 사람들이 있지만 뿌리 없는 가치다. 배고프면 무슨 힘으로 사랑을 지탱할 수 있겠는가. 돈이 없으면 사랑도 흘러가는 강물과 같다. 옛날의 부부는 어려운 환경 속에서도 서로 신뢰하고 의지하면서 살았다. 하지만 지금 젊은이들은 대부분 돈으로 사랑을 저울질한다. 살다가도 살림이 어려워지면 견디지 못하고 떠나는 얄팍한 사람이 많아지는 현대가 되었다.

— 「돈, 돈, 돈」에서

「거미줄을 걷고」는 만학도의 다부진 결의와 무릎이 아파도 강의실을 찾았던 기개가 눈시울을 적셔주는 글이다. 「돈, 돈, 돈」은 현실적인 돈의 문제를 회피할 수 없는 시대상을 설득력 있게 기술하고 있다. 사회 전반에 걸쳐 비판적인 시각은 위로와 격려 환경문제까지 터치하면서 안전하고 행복한 평범한 삶의 행복을 추구한다.

4. 더욱 건강하게 체계적인 기획 아래 드높이는 창작활동과 봉사활동

수필집 앞에 작가의 말에서 정행심 수필가는 말했다.

> "알수록 깊어지고 알수록 가꾸기가 힘든 것이 수필밭이었다. 일하면서 글밭을 가꾸기는 무척 어렵고 힘들었지만, 큰 돌을 주워내고 또 작은 돌을 가려내면서 고슬고슬한 흙밭에 수필 씨를 뿌릴 수 있었다. (중략)
>
> 수필에 대한 웅크렸던 마음도 부끄러움도 사라졌다. 엉킨 실타래가 풀리어 하늘 높이 연을 날리듯이 내 글 주머니가 구름을 타고 훨훨 날았다. 이제는 더 든든한 고랑을 치고 두둑을 만들어 튼실한 문장의 씨를 심을 것이다. 때로는 가파른 벼랑 길에 서서 길 찾기가 힘들어도 농부는 괭이와 삽을 버리지 않듯이 나의 글도 녹슬지 않게 닦고 닦는 시간을 채워 삶의 동반자로 같이 걸어갈 것을 다짐해 본다."

이제 첫 수필집이 상재되었다. 늦었지만 결코 늦지 않은 그의 창작활동은 늘 푸른 눈빛 아래 연구하며 생각하는 철저한 창작으로 일관할 것이다. '진미언양불고기'를 통하여 그의 감사 논법은 실행될 것이다. 우주만상에 거듭 감사하는 그의 자세는 항상 자신을 낮추며 볼 것을 보고 그 속에서 맑게 익은 멸치젓갈 단지의 용수 속 맑은 멸치 액젓처럼 발효된 인내와 긍정의 시학으로 꽃피게 될 것이다.

일독을 권하고 싶다.